JN063013

Noh Hamlet

Performed by Kuniyoshi MUNAKATA

Venue: **Kingsway,**
007 Main Drama Studio

Tickets on door: **£3:00**

Tuesday 15th October,

7:00-8:10 performance

Followed by post-play discussion.

The key to unravel Noh is to work your imagination.
In order to appreciate Noh,
it is imperative that you work your imagination.

A Faculty of Arts & Media and Faculty of Education & Children's Services Collaboration

※写真は宗片邦義、杉並能楽堂にて
「英語能ハムレット」独演（2010年4月）

〈ポスター〉**「能ハムレット」**
2013年10月15日　英国チェスター大学
宗片邦義『英語能ハムレット』独吟、独舞公演

Noh Hamlet Solo Performance:
Kuniyoshi MUNAKATA at the University of Chester, UK, 15th October, 2013
(Picture: At Suginami Noh Theatre, Tokyo, April, 2010.)

※「能 ハムレット」本書87頁

「花の座」公演／上田邦義 作・演出／足立禮子・鈴木啓吾 作補

能・リア王 再々々演

The 4th Presentation of **NOH: KING LEAR** in Japanese
Performed by the Kanze School
Arranged & Directed by Kuniyoshi Munakata UEDA, based on Wm Shakespeare's *King Lear*,
At Kioi Small Hall, Yotsuya, Tokyo

シテをリア王からコーディーリア姫に移し
高貴な人間性と女性の神秘性をテーマにした

日時 2010年12月23日(木・祝)
13:30開場　14:00開演

場所 紀尾井ホール 小ホール(東京・四ッ谷)
(JR・地下鉄「四ッ谷駅」より徒歩6分)

足立 禮子（観世流）シテ（コーディーリア）

シェイクスピアの創造した最も美しい霊的な女性コーディーリアを、
現役最長老の女流能楽師、足立禮子が演ずる。
「万全の安心感」「能の位」「豊かな時間がここにある」（馬場あき子氏評）

「いくつになっても新しい試みをしていくことは、
能楽師の使命であり、喜びであると思います」　足立 禮子
「わが唇に霊気宿り、この接吻が、父上の無惨なる傷を癒しませ」
コーディーリア

遠藤 喜久（観世流）ツレ（リア王）

「この世の正義は権力者や金持ちが、貧者弱者を抑圧する道具に
過ぎぬか。目の見えし時はつまずきて、見えぬ今は見えたりや」
リア王

番組
解説　「能は悟りの芸術」(日・英)　上田邦義
狂言　『昆布売』大蔵流　山本則俊・山本則重
能　『リア王』足立禮子（シテ:コーディーリア）
遠藤喜久（ツレ:リア王）

新井麻衣子(ツレ:侍女)　遠藤 博義(間:隊長・道化)
鈴木 啓吾(地頭)　奥川 恒治(主後見)
寺井久八郎(笛)　古賀 裕己(小鼓)
大倉正之助(大鼓)　徳田 宗久(太鼓)
小島 英明(地謡)　古川 充(地謡)
本田 博保(地謡)　杉澤 陽子(後見)
舞台デザイン：横井紅炎

入場料 指定席 6,000円
自由席 5,000円
(当日 5,500円)

問合せ (足立) TEL. 03-3421-1525
(遠藤) E-mail: endo@company.email.ne.jp
(新井) E-mail: riaou2010@yahoo.co.jp
(上田) TEL. 0557-82-1411
E-mail: ueda@gssc.nihon-u.ac.jp

撮影：早坂 明

〈ポスター〉『能・リア王』再々々演

※「能 リア王」本書123頁

今こそシェイクスピア

――能シェイクスピア十三曲――

宗片邦義

でくのぼう出版

推薦文

かつて外山滋比古氏が「原文でシェイクスピアにふれるのは現代における教養人のたしなみであろう。宗片君の本書（『シェイクスピア名場面集』）は、シェイクスピアを専門家から解放した」と評したが、今度の『今こそシェイクスピア ― 能シェイクスピア十三曲 ―』は、日本語でシェイクスピア劇の本質を簡潔に描いて見せた、一般学生や読書人向けの著者のライフワークであろう。

十八世川柳宗家　平　川柳（東京川柳会主宰・平 辰彦　博士（英米文学）

『Shakespeare 劇における幽霊 ―その演劇性の比較研究―』）

目次

今こそシェイクスピア

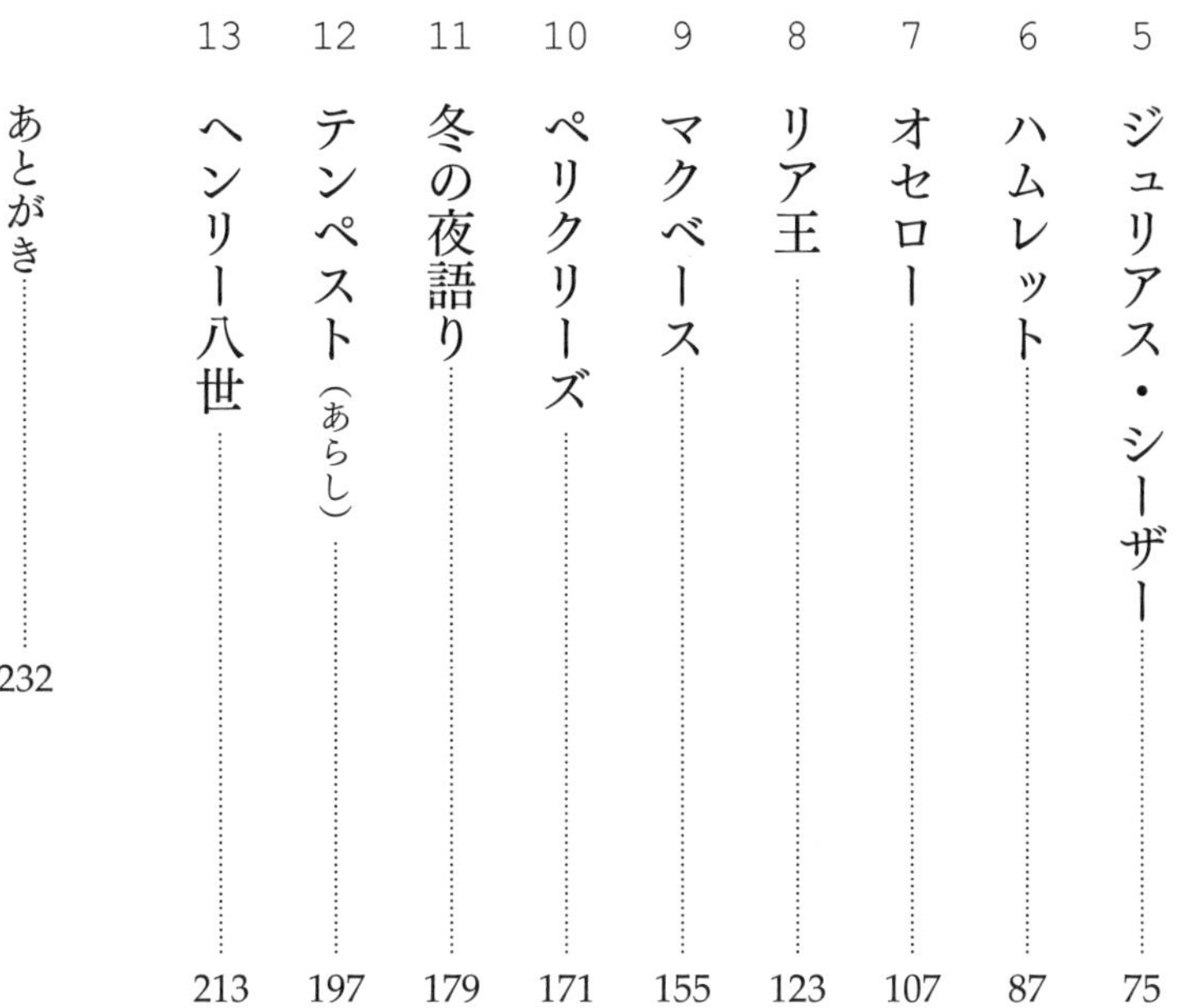

まえがき

２０２０年代、世界は思いがけぬコロナ禍に見舞われ、ロシアによる国際法無視のウクライナ侵攻、避難民続出、核への恐怖等々、新たな混迷の時代に入った。だが人類は、新たな精神文明に入るキッカケを得たのではないか。

本書は入門書であるが、趣意は、端的には、平和維持、戦争回避には、核兵器（科学）や法（論理）の抑止力ではなく、シェイクスピア劇（文芸）などに見られる精神性・霊性が一つのヒントになるのではないか。**人類の精神進化に向けて。**

● 父親同士の長年の怨恨（えんこん）を子らが和解に導く『ロミオとジュリエット』
● 横暴（おうぼう）なる独裁者の哀れな最期を描く『リチャード三世』
● 人間の獣性（じゅうせい）を嘆くコメディ『お気に召すまま』
● 恋人オフィーリアの墓前で、生死（しょうじ）について悟りを得る『ハムレット』

●無（真心）から最高の有が生ずる『リア王』

●殺しの後には眠りは来ない悲劇『マクベース』

●死からの再生を描く悲喜劇『ペリクリーズ』『冬の夜語り』『テンペスト（あらし）』

●作者引退後の正史劇。「笑いではなく真実を」『ヘンリー八世』

古代から十七世紀にかけてのヨーロッパ各地が舞台であるが、**テーマは極めて今日的。**

二十一世紀、物質・科学文明から、それらを生かした新たな精神文明への転換が期待されている。今こそ世界最高の文芸シェイクスピア戯曲である。

そこで彼の名作十三篇を「**わかりやすく、簡潔に**」、口語による「**現代能**」に翻案した。能に親しみのない読者には新発見となるであろう。大作をどう読み直すか。舞台をどう鑑賞するか。そのキッカケともなるであろう。**名セリフ**には、所々に英語原文を添えた。

またすでに舞台上演された曲（『ロミオとジュリエット』『ハムレット』『オセロー』『リア王』など）については、**批評**の一部を掲載させていただいた。能鑑賞の鍵は観客の**想像力**にある。まして本書は「能台本を読む」のである。諸氏の評言が大いに助けになるであろう。

「生か死か、それが問題」が「生死はもはや問ふまでもなし」に転換されるのが『能・ハムレット』である。これまでの常識や知識や論理に囚われず、イマジネーションを働かせ、新たな芸術体験・人生体験もしくは宗教的体験をされることを期待している！

能用語解説

シテ（仕手）、主役。**ツレ**（連）、同伴・付随者。**両ジテ**、ツレがシテと同格。**ワキ**、脇役。**間**（アイ）**狂言**、狂言方が演じる能の中のコミカル・リリーフ。**能楽師**、能楽（能・狂言）の演者。**地謡**（じうたい）・**地**、コーラス。**囃子**（はやし）、能管（笛）・小鼓（こつづみ）・大鼓（おおつづみ）・太鼓（たいこ）の四種。**後見**（こうけん）、演者の補佐。

前場（まえば）。**後場**（のちば）。**中入**（なかいり）、前場と後場の間の退場。**次第**（しだい）、主題を暗示する七五・七五・七四が基本の謡。**詞**（ことば）、節のないセリフ。**上歌**（あげうた）、上音を基調とする**拍合**（ひょうしあい）の**謡**（うたい）。**下歌**（さげうた）、中・下音を基調とする拍合の謡。**サシ**、**拍不合**（ひょうしあわず）の謡。さらさら謡う。**一声**（イッセイ）登場音楽の一種。また普通五・七五・七五の拍不合・上音の謡。**ツヨ**、強吟（つよぎん）の謡。**ヨワ**、弱吟（よわぎん）の謡。**カカル**、詞から謡に変わる。**大乗**（おおのり）・**ノル**、平ノリ・中ノリに対し、太鼓が入りゆっ

たり伸びやかな謡。**キリ**、一曲の最後、フィナーレ。[**エピローグ**、納め口上]

舞、能のすべての演技。能では踊ると言わない。**イロエ**、舞台を一巡する程度の中に情趣を表すなど。**翔**（かけ）**り**、斬り合いや興奮状態の働き。**物着**（ものぎ）、舞台上で装束の一部を着がえる。**直面**（ひためん）、能面なしの顔のまま。化粧せず、表情を作らない。**シオリ**、泣く型。眉の辺にそろえた指を近づける。男は右手、女は左手が基本。**両ジオリ**は深い悲しみ。

能舞台、三間四方、檜造りの本舞台（柱・屋根は江戸時代までの能舞台の名残り）、その後方に**後座**（あとざ）。**後見座**（こうけんざ）、後座の後ろ左奥。**常座**（じょうざ）（名ノリ座）、本舞台の左手奥。**地謡座**（じうたいざ）、観客から見て右手。**ワキ座**、同右手前の角。**切戸口**（きりどぐち）、右手奥の板戸。**橋掛リ**、能舞台から左**揚幕**（あげまく）までの廊下。（歌舞伎では花道）。その手前に舞台に近い方から一ノ松、二ノ松、三ノ松。**狂言座**、橋掛リの右端奥。**見所**（けんしょ・けんじょ）、観客席。

能。十四・五世紀、観阿弥・世阿弥父子が大成した日本最初の演劇戯曲。歌舞劇。発生当時は猿楽と呼ばれた。シテ（主役）は霊的存在が多い。夢幻能と現在能（現在物）

に大別される（観世寿夫は夢現能とも）。現代は能・狂言あわせて**能楽**と言う。**五番立**（ごばんだて）正式な一日の演能形式。シテが神・男・女・狂（雑）・鬼の五番。**新作能**、明治以降に書かれた能。口語能、現代能、創作能、英語能など。

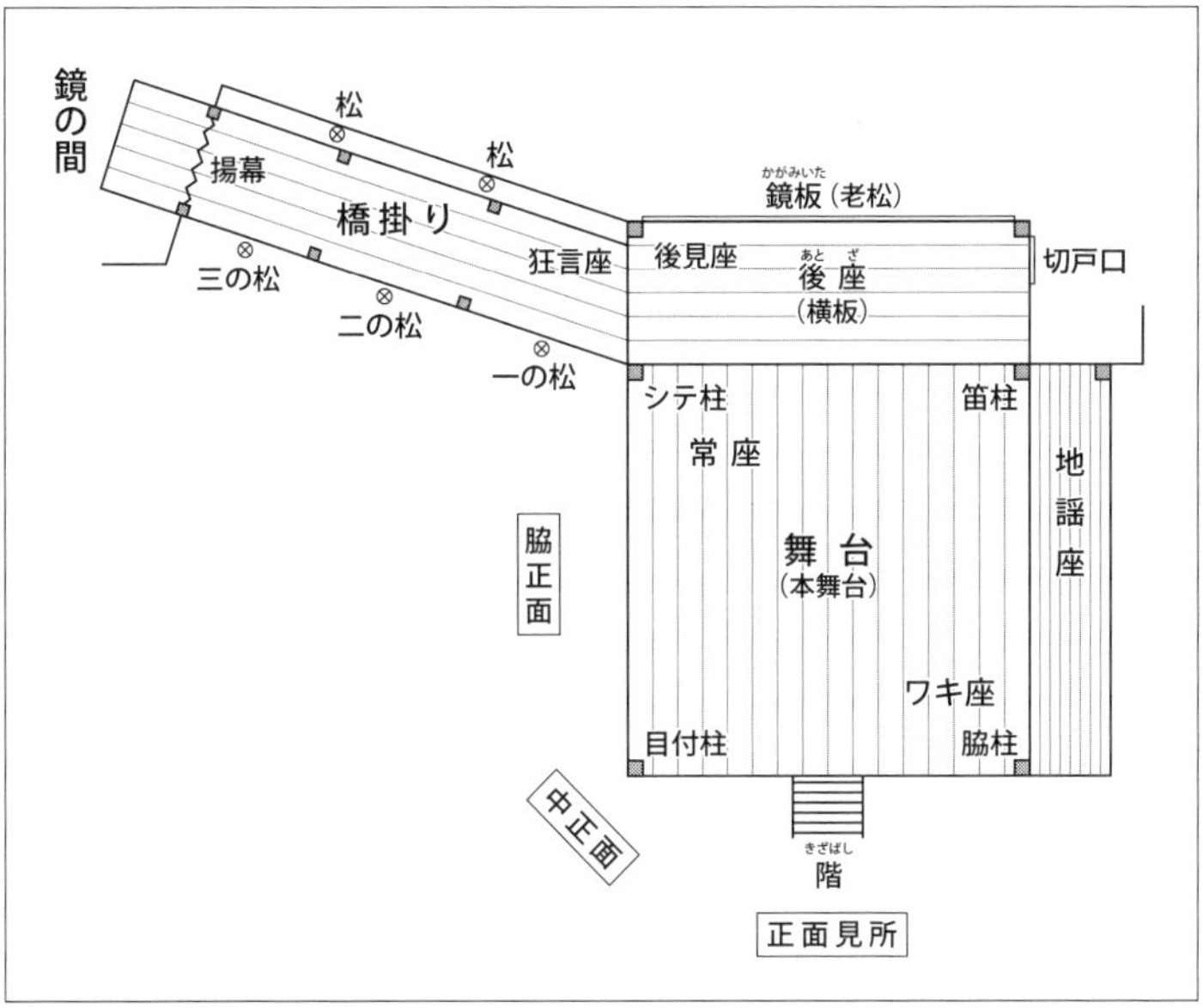

付。

世阿弥(1363.11.12?—1443.9.1?)**の言葉。**「天下泰平・国土安穏」「諸人快楽」「寿福増長」「衆人愛敬」「初心忘るべからず」「稽古は強かれ、情識(争い心)はなかれ」「いろは読みには謡はぬ也」「声を忘れて曲を知れ」「舞歌二曲」「心閑かにして目を遠く見よ」「言葉卑しからずして姿幽玄ならん」「先聞後見(せんぶんこうけん。先に聞かせ、後から見せる)」「工夫」「離見の見」「見所同心の見」「せぬ所」「せぬひま」「無心の位」「時分の花・時の花」「年々去来の花」「真実の花」「巌に花」「却来花」「能を知る」「直なる能」「無相真如」「心より心に伝ふる花」『風姿花伝』「この世とても旅ぞかし」「げに目の前の憂き世かな」「夢になりとも見せ給へ」

ウィリアム・シェイクスピア William Shakespeare (1564—1616)。英国詩人・劇作家。人間がこの世に生きる苦しみ・悲しみ・喜びを三七の戯曲(『ロミオとジュリエット』『ヴェニスの商人』『ハムレット』『オセロー』『リア王』『アントニーとクレオパトラ』『冬の夜語り』『テンペスト』など)に描き、聴く人を感動させ、生きる勇気を与え続けた、世阿弥と並ぶ東西最大の劇作家。十八歳で八歳年上の女性と結婚、やがてロンドンに出て劇作家として大成し、一六一六年（家康と同年）故郷ストラトフォード・アポン・エイヴォンで、五二歳で永眠。誕生日は命日と同じ四月二十三日とされる。

能　ロミオとジュリエット

「若者よ、恋せよ　争いを好むな」

初演出演者は、シテ・ロミオ 野村四郎、ツレ・ジュリエット 鵜澤久、乳母 鵜澤光、パリス 野村昌司、ヴェローナ大公 藤波重彦、ロレンス法師 三宅右近、地謡 坂真太郎・長山桂三・青木健一、囃子 松田弘之・古賀裕巳・大倉正之助・徳田宗久、衣裳 細田ひな子。

「初心者にも分かりやすく、青春を生きる喜びや苦しみ、悲しみを追体験する。シェイクスピアがこの悲劇で意図したものは何か」（宗片）。

「狂言の出自を持ち柔軟な発想の野村四郎師（日本能楽会会長）の苦心の節付と、青春の恋を死のまなざしで見直すという能ならではの世界を目指す」（笠井賢一）。

能　ロミオとジュリエット

［構想］　互いに憎み合う名門、モンタギュウ家とキャピュレット家の一人息子と一人娘が仮面舞踏会で出会いたちまち恋に落ち、秘かに結婚。だがその日、男は街で決闘に巻き込まれ、相手を刺したかどで国外退去を命じられる。嘆き悲しむ女は両親からほかの男との結婚を迫られ、眠り薬で結婚を回避するが、一方、目覚めたところを迎えに来るはずの男に想定外のことが起こって・・・。

所、北イタリア、ヴェローナ
時、十六世紀
曲柄、現在能、三番目女物（所要時間、一時間半）

人物

シテ（主役）……ロミオ（モンタギュウ家の一人息子）
ツレ（本曲ではシテと同格、両ジテ）……ジュリエット（キャピュレット家の一人娘）
ツレ……ジュリエットの乳母（うば）
ツレ……パリス、青年貴族（ジュリエットへの求婚者）

ツレ………ヴェローナ大公

間(アイ)狂言………僧ロレンス

地謡(じうたい)（三・四名）、囃子(はやし)（笛・小鼓(こつづみ)・大鼓(おおつづみ)・太鼓(たいこ)）

前場(まえば)

［ジュリエット、乳母ヲ伴イ登場、ワキ座ニ着座］

［「次第」ノ囃子デ、ロミオ登場。橋掛リ、二ノ松辺ニテ］

次第 **ロミオ** ヨワ吟「**恋は優(やさ)しきものなるか。**ツヨ **恋は冷酷残忍(ざんにん)非情。胸刺(むねさ)す茨(いばら)のつらさかな**

詞(ことば)「**昨夜の夢の、不思議なる** ヨワ・不合「**いかなる星の巡(めぐ)りやらん**

下歌(サゲウタ)「**行方司(ゆくえつかさど)る御力(おんちから)。行方司る御力。導き給へ　わが行く手**

(He, that hath the steerage of my course, / Direct my sail!)

［ジュリエット、ワキ座ニテ立上ル］

ヨワ・拍合 **地謡**「**目に見えぬ美しさ隠(かく)す心こそ。美しき人の誇(ほこ)りなれ**

(It is much pride for fair without the fair within to hide. —Lady Cap.)

［舞踏会。ジュリエット舞ウ。イロエ。ソノ間ニ、

〔ロミオ一ノ松へ行キ、シテ柱ノ陰ヨリ舞ヲ見テイル〕

ロミ　詞　「や。あれなる佳人な、いかなる女性ぞ。松明に燃ゆる術を、教へたり
(O, she doth teach the torches to burn bright!)
ヨワ　「あの輝きはこの世ならず
(Beauty too rich for use, for earth too dear!)
わが心、これまで恋せることありしや。
(Did my heart love till now? forswear it,
これこそ真の美人なれ
sight! / For I ne'er saw true beauty till this night.)

地　下歌　「忍び込む。宿敵の館その主人。彼に気づけど大人気なしと。騒ぐ男らを鎮め。華やか
に舞踏会は運ぶなり

ロミ　詞　「この舞終りたれば、近づきて。その、御手にも触れ。汚れしわが手に、祝福を　〔囃子止ム〕
〔ロミオ、ジュリエットニ近ヅキ、ソノ手ヲ取ル〕

地　拍不合・ヨワ　「おおこの胸のときめきよ　**地**　上歌(アゲウタ)・拍合　「君は尊き御堂にて。君は尊き御堂にて。その手を汚
せるお咎めは。顔赤らむる二人の巡礼。接吻にて。　〔ロミオ、ジュリエットノ手ニ接吻〕
あとを浄めてさしあげん　**ジュリエット**　「やさしきお手の巡礼よ。聖者にも御手
はあり。掌と掌を合はすは巡礼たちの口づけ

ロミ　「されど聖者にも唇あり　ジュ　「唇は。お祈りの為
は　ジュ　「祈りには応へまするが。聖者は動かず　地　「動きまするな。その間に。
わが罪そなたに清められ。不合　この唇に。優しお咎め。その罪を。我にお返し下されい
［囃子止ム］
不合・ヨワ
乳母　「お姫様。母上様がお呼びです
詞
ロミ　「何とこれは、キャピュレットの娘かや
(Is she a Capulet?)
クリ・ヨワ
地　「仇敵に心臓奪はれて。すでに命は借物。こなたも乳母に訊ぬれば。その名はローミオ。
仇の家の。モンタギュウの子　サシ・サラリ　ジュ　「生涯にただ一度のみと心定めしその方が
(My only love sprung from my only hate!)
地　「仇と知れども後の祭り。仇を愛す運命なれ。仇を愛す運命なれ
(Known too late! / Prodigious birth of love it is to me, / That I must love a loathed enemy.)
［ジュリエット、一畳台へ後ロ向キ下居。
ロミオ、二ノ松マデ下ガリ隠レル］
クセの心・拍合・ヨワ
地　「舞踏会。果つれどロミオは去り難く。庭に忍び込み。窓の開くを待ちいたり。やがて

灯りし窓灯かり。あの窓こそは東の方。昇れ太陽わが恋人よ。わが恋人と知らせばや。
それとは知らずジュリエット。窓辺に現れ独り言　［ジュリエット、一畳台ニ立上リ］

不合・ヨワ
ジュ　「ああロミオ様。ロミオ様。何故あなたはロミオ様　(O Romeo, Romeo! wherefore art thou Romeo?)
その名も父御もお捨てなされ。そしてわたしを恋人と。ただそうお呼び下されば。こ
の身はキャピュレットならず

ロンギの心・ヨワ・合
地　「敵はあなたのお名前のみ　('Tis but thy name that is my enemy.)
あなたのお手。おみ足も。腕もお顔も何一つ。仇ならず

ジュ　「あなたはあなた　(Thou art thyself.)

地　「薔薇の香るはその名にあらず。あなたはロミオと呼ばれずも。完璧な愛しいお方。そ
の名を捨てて。その代はりに。私のすべてを受けとられてよ

不合・ヨワ
ロミ　「されば我をただ恋人と呼び給へ。されば新たに洗礼を受け。もはやロミオならず

拍合
ジュ　「愛し給ふやと訊ぬれば　**ロミ**　「清らなるかの月にかけて誓ひます

ジュ　「いえいえ夜ごと月ごと姿を変へる。不実な月に誓ひまするな

（不合・ヨワ）**地**「恋人の誓ひなど。ジョーヴの神はお笑ひに。されど是非にと言はるれば

ジュ（合）「あなたご自身。御身にかけて誓ひませ。それこそわが神。信じまする。

（不合）「いえいえやはり誓ひまするな　(Well, do not swear.)

（上歌・ヨワ）**地**「今宵の約束喜べず。余りに唐突。無分別。いまだこれは愛の蕾。
夏の実りの風により。次の出会ひに美しき。花を咲かせん

（一セイ・ヨワ・不合）**ジュ**「限りなく豊かなる　**地**（ウケテ）「大海原より涯なく。海ほどに深い私の愛。
差し上げれば差し上げる程。私の愛も豊かなる

（不合）**ジュ**「どちらも共に限りなく

ロミ「かくばかり。幸せなるも夜なれば。夢か現実か　**地**「幻か　［シテ、翔リ（恋成就ノ）
イロエノ如キ］

（サシ・ヨワ・不合）**ジュ**「そなたの愛に偽りなく。まこと夫婦をお望みなら。明日わが使ひに御返事を。
いついづこにて挙式をと　（一セイ調・不合）**地**「されば私の運命は。すべてあなたに差し上げ。世界
の果てまで御伴を　（詞）**ロミ**「そなたの小鳥とも、なりたや

ジュ　「いえいえ可愛がりすぎて、殺めてしまひます

一セイ・不合・ツヨ
地　「さてお別れは。かほどにつらく甘きもの。朝までこのままおやすみ。おやすみと

(Parting is such sweet sorrow, / That I shall say good night till it be morrow.)

［ジュリエット、名残り惜シミツツ切戸ニ入ル］

不合・ヨワ
ロミ　「眼には眠りを。詞「胸には、平安あれ

(Sleep dwell upon thine eyes, peace in thy breast!)

不合・ヨワ
地　「我はその眠りとも。平安ともなり。そなたの胸に休まばや

(Would I were sleep and peace, so sweet to rest!)

上歌・拍合・ツヨ
地　「親の怨恨も今ははや。親の怨恨も今ははや。仇敵を愛す運命なれば。恨みを埋めて新たなる。花を咲かせん。この運命は。自らつくりしものならず。生かせ運命。仇を愛せよ。それぞ青春。胸たぎらせよ灼熱の恋。これぞ青春

［ロミオ、三ノ松、祈リ］

不合・ヨワ
ロミ　「行方司る御力　**地**「導き給へわが行く手

［ロミオ幕入リ］

間語

［間（アイ）、僧ロレンス登場］

アイ「ヴェローナの僧にてロレンスと申します。争いを好まぬ好青年ロミオに、すぐにも結婚をとせがまれて、わが庵室（あんしつ（じつ））にて秘かにジュリエットと結び合わせたのは私でございます。キャピュレットの美しい娘に恋の真心を捧げてしまったと。それにしても思い焦がれていた女を、こうもあっけなく思いきれるとは。片想いの辛さゆえか。若者の恋は心ではなく眼にありということか

(Young men's love then lies / Not truly in their hearts, but in their eyes.)

さて、ところがその午後ロミオの親友マーキューシオが、ジュリエットの従兄（いとこ）と街で出くわし、これと決闘となった。ロミオが仲裁に入り、「待て君たち、友達なんだ。剣を収めろ。喧嘩はやめろ」と両者の間に割って入った。その脇の下からマーキューシオが刺されてしまった。怒ったロミオが、その相手を咄嗟（とっさ）に刺してしもうた。これでロミオは、ヴェローナ追放となってしまったのでございます。

ジュリエットの両親は、嘆き悲しむジュリエットを、従兄が刺し殺されたせいと勘違いして、以前から求婚されていたパリス伯爵と、すぐにも結婚させることとした。これに慌てたジュリエットは、わしのところに泣きついてきた。わしは一計（いっけい）を案じて、四十二時間

後に目が覚める眠り薬を飲むことを勧めた。ロミオには早馬を出して、死んだのではない。四十二時間後に迎えに来いと知らせればいい。ジュリエットはその夜、これを実行し、翌朝は死人同様。両親も乳母もこれを自害と認め、彼女をキャピュレット家の霊廟へ運んだ。ところが早馬の方には想定外のことが起こった。途中ペストが流行っている町で足止めされ、引き返してきてしまった。その間に、「ジュリエット死す」の噂がロミオに届いた。ロミオは劇薬を買い求め、ヴェローナに戻った。ところがキャピュレット家の霊廟の前で、ライヴァルのパリス伯にでくわし、これと決闘となった。何という運命のいたずらか。ああ、何という悲劇。ああ神よ、わが浅智恵をお許しくだされ。人智の至らなさをお許しくだされ。お許しくだされ、お許しくだされ

［入ル］

後場

［登場音楽。ジュリエット、笛座前、斜メノ一畳台ニ乗リ］

ジュリ（クドキ・サシ・ヨワ）「愛せぬ人に嫁ぐよりは。死んでしまいたい。愛しいロミオの妻として。

節操を立てるその為には。お城の高台から跳び下りるも。短剣で自害するも恐れは

せぬ。この眠り薬を飲めば。四十二（よんじゅうに）時間後にはロミオに会へる。
愛よ。勇気（ゆうき）を与へ給へ。勇気さへあれば何事も。貴方（あなた）に乾杯

［ジュリエット、眠リ薬ヲ飲ム。一畳台ニ横タワル］

［早笛。ロミオ、ジュリエットノ死ヲ聞キ、早馬ニテ登場ノ体］

ロミ（詞）「無残（むざん）やな、待ち焦がれし。（ツヨ・不合）ヴェローナからの知らせは。（詞）ジュリエットの、死の知らせ

地（ツヨ・不合）「今やキャピュレットの霊廟（れいびょう）に眠ると。何たる運命（うんめい）。ならば運命を相手に戦はん。

この毒薬（どくやく）こそは命（いのち）の妙薬（みょうやく）。恋路（こいじ）の仕上げ。霊廟がお前の出番（でばん）

［突如パリス伯、橋掛リニ登場］

パリス（呼掛）「なうそこなるは。（詞）追放されし、モンタギュウ。悪党（あくとう）め、生かしてはおけぬ　ロミ（詞）「我は自（みずか）ら命（いのち）を絶たん為に、来（きた）りし者（もの）。（不合・ツヨ）我に罪を重（かさ）ねさせ給ふな。（詞）立ち去り給へ　パリ「さようの戯言（ざれごと）には、騙（だま）されず。重罪人（じゅうざいにん）を、ひっ捕（と）らへん　ロミ「構（かま）ふなと言ふに、覚悟せよ

［切組。パリス倒レル］

パリ（ヨワ・不合）「情（なさ）けあらば。われをジュリエットの傍（かたわ）らに　［死ヌ］

地　「心得たりと顔覗けば。パリス伯爵。赦し給へ。友どちよ

［ロミオ手ヲ添エ導キ、パリス切戸へ入ル］

［ロミオ、ジュリエットニ近ヅク］

下歌・ヨワ
地　「横たはりたるジュリエット。その美しさ。納骨堂は。光りの饗宴

ヨワ・不合
ロミ　「最愛の女わが妻よ。君なぜかくも美しき。二度と再び離れはせず

ヨワ・合
地　「永遠の安らぎここにあり。この世に倦みたる肉体よ。不運の星の軛を絶て。眼よ。これが見納め。腕よ。これが最後の抱擁。呼吸の門の唇よ。その接吻もて死神の。無期限の契約書を封印せよ

ツヨ・不合
地　「かくてロミオは懐の。劇薬飲めばたちまちに。口づけながら息絶へぬ

［死ヌ］

気ヲカエ・ヨワ
「やがて目覚めしジュリエット。傍らに夫が横たはり。劇薬すでに空なれば。彼が短剣あな嬉しやと。わが身に当て。折り重なって自害せる。その潔さぞ哀れなる

［シテ・ツレ（着物残シ）切戸へ入ル。笛アシライ］

カエテ・ツヨ
「夜回りこれを発見し。鐘を鳴らせば何事ぞ。町中大声わめきたてたれば。ヴェ

ローナ大公お出ましに

［幕上ゲ。大公、橋掛リニ］

大公（詞）「われらが耳を、驚かす。恐怖の叫びは、何事ぞ。疑はしきを、連れて参れ

僧（アイ）「逃げ隠れはいたしませぬ。この恐ろしき殺人の、第一の責めは自らに。二人を夫婦にさせたるも、眠り薬を与へたるも、良かれと計りしわが浅智恵。己が人智の浅はかさ

大公（詞）「仇敵同士の、ご両人。モンタギュウに、キャピュレット。その方たちの、憎しみに。いかなる天罰、下されしか。共に跡目を、失ひし。この長年の、仲違ひ。見過ごしたりし、我もまた（ヨワ・不合）「身内を二人失ひし。罰を逃れる者はなし。またこれ僧侶のロレンスよ。かねて高徳と聞きたるが。人力及ばぬ大いなる。力が巧みを阻みたり

地（上歌・ヨワ　合）「これを聞きたるキャピュレット。モンタギュウに手を伸べて。これぞ娘の遺言ぞ。これに応へてモンタギュウ。かほどの純愛貫きし。わがヴェローナの誇りなり。されどわれらが確執の。かく痛ましき犠牲なれば。その彫像を純金にて。建立せんと公言す。されば（ツヨ・不合）と応へてキャピュレット。ロミオの彫像もその側に

［太鼓入ル］

地（キリ・大ノリ・ヨワ）

「愛児の非業に迷ひ覚め。愛児の非業に迷ひ覚め。怒りも解けて赦し合ふ。赦す仲とはなりにける。この世に生きては純粋に。仇を愛せる青春は。死を経て一つ安らかに。王者となりて蘇る。これぞ真の愛の賜物。美はしき。神のこの世のお浄めと

［ロミオトジュリエットノ霊、小サナ王冠ツケ、直面・顔ニヴェール、白装束ニテ現レル］

相舞（中之舞）

［ヤガテ幕入リ（昇天）］

地（ヨワ・合・中）

「かくて夜も明け訪れし。かくて夜も明け訪れし。平穏の朝は陰鬱の。太陽いまだ顔見せず。赦さるべきは赦されて。罰せらるべきは罰せらる。（閑カニ・調子上ニ変エ）この世の悲しき物語。ジュリエットとかのじょのロミオの物語

(For never was a story of more woe /
Than this of Juliet and her Romeo.)

註。本曲は宗片邦義原作詞章に二〇一五年一二月八日、国立能楽堂初演時の節付・作舞野村四郎、演出笠井賢一を反映させ、さらに一部改訂したものである。

初演出演者は、**シテ・ロミオ 野村四郎**、**ツレ・ジュリエット 鵜澤久**、乳母 鵜澤光、パリス 野村昌司、ヴェローナ大公 藤波重彦、ロレンス法師 三宅右近、地謡 坂真太郎・長山桂三・青木健一、囃子 松田弘之・古賀裕巳・大倉正之助・徳田宗久、衣裳 細田ひな子。

「初心者にも分かりやすく、青春を生きる喜びや苦しみ、悲しみを追体験する。シェイクスピアがこの悲劇で意図したものは何か」（宗片）。

「狂言の出自を持ち柔軟な発想の野村四郎師（日本能楽会会長）の苦心の節付と、青春の恋を死のまなざしで見直すという能ならではの世界を目指す」（笠井賢一）。

批評。　＊一部抜粋、要約あり

◇「悲劇を悲劇として重くせず、若者の明るさ、美しさを強調して、逆に悲劇を浮き彫りにした舞台でした。上演モットーのひとつに、わかりやすく面白い能、を挙げておられましたが、節、舞、衣裳、演出に、そのための工夫が凝らされていて、格好の能入門になったのではないでしょうか。全ては円熟の原作者があったればの快挙でした」（**麻生哲郎**　２０１５　画家）

◇「当日は大変なご盛況で、終演後のロビーはいつもの能公演の後とは全く違う華やぎが溢れていました。複式夢幻能でいくのかしら、それとも現在能形式かしらと思っておりましたが、とても判りやすい現在能形式を取られておられました。誰もがよく知っている物語をシンプルに構成し、キャストも皆さん適役で、能に慣れていないお客さまたちも悩まず（？）存分に楽しまれたことと思います。先生は今回、最初からこの形式で行こうという思いをお持ちだったのですか？　それとも夢幻能という選択もあったのでしょうか」（**いずみ　玲**　２０１５　脚本家、能と狂言総合誌『花もよ』能評担当）

◆**能・『ロミオとジュリエット』初演（十二月八日・国立能楽堂）**
「英語能『ハムレット』など、シェイクスピアの四大悲劇を能として舞台化してきた上田（宗片）邦義の新作能『**ロミオとジュリエット**』。能になじみのない観客にも楽しんで貰えるよう、敢えて夢幻能の形式は取らず、周知のストーリーを原作通りに展開させる。能として再構成した意味、能の形を取ったがゆえの感動がどう伝わったかは難しいところ。しかしながら実年齢とかけ離れた若者の恋を演じる**野村四郎**のロミオ、**鵜澤久**のジュリエットが適役と納得させられるのは、さすが能ならではの表現が生きてこそ」
「能評」十二月・一月の能（いずみ玲）より
〈能と狂言総合誌『花もよ』２０１６年3月1日　第24号　掲載記事〉

◇「この能を魅力的に盛り上げたのは、ロミオとジュリエットの死後の舞いのシーンです。西欧的な華やかさと甘美さが溢れていました。シェイクスピアがよく用いる方法で突然亡霊を登場させて、舞台芸術の時の一致の掟を破り、大衆を喜ばせる、彼の手法とかみ合います。そうしたシェイクスピアの手法と霊界をステージとする日本の能をコラボレーションさせたことは、作者の観客へのサービス精神と卓越したアイディアによる成功です。東西の舞台芸術の合体の新しい出発と言ってもよいでしょう」（**今田美奈子**　２０１５　食卓芸術研究家、日仏生活芸術協会会長）

◇「配布された台詞によって珠玉の戯曲を味わうことができた。ロレンス法師の衣裳と語りとその狂言的役回りは舞台を鮮明にし、かつ好感とユーモアを与えた。また最後の二人の舞は、言い知れぬ感動を与えてくれた」（**梅内千秋**　２０１５　元「文明を創造する国際研究所」研究員）

◇「ジュリエットの舞にすっかり魅了された。舞の一つ一つの動作・仕草の気品といい、ジュリエットの純粋無垢な心が光り輝いていた。いつまでも見ていたかった。最後、ヴェローナ大公が、威厳のある声で、『仇同士のご両人。その方たちの憎しみに。いかなる天罰下されしか。この長年の仲たがい。見過ごしたりし我もまた。身内を二人失ひし。またこれ僧侶のロレンスよ。人力及ばぬ大いなる。力が巧みを阻みたり。』と謡う。ここにこそシェイクスピアの真意が明かされてはいまいか。作者の意図も。もう一つキリの部で、地謡が『この世に生きては純粋（ひとすじ）に。仇を愛せる青春は…』と謡うとロミオとジュリエットの霊が白装束で、頭に小さな王冠を付けて現れ、相舞を舞う。この白い二人の天使が舞う光景に、私はダンテの「天国篇」の感覚を重ねていた。是非とも再演していただきたい」（**遠藤　光**　２０１５　実践女子大学名誉教授、T・S・エリオット研究家）

◇「日本語の詞章は、必ずしも原テキストの翻訳ではなく、『昨夜の夢の不思議なる。いかなる星の巡りやらん』『目に見えぬ美しさ隠す心こそ。美しき人の誇りなれ』など、自在に能の詞章になっている。ジュリエットをシテにして、劇（ドラマ）が終わったところから一曲を始める工夫はないでしょうか。能『ハムレット』のように、能『ロミオとジュリエット』もいくつかの versions を試みられることを期待したい」（**岡本靖正**　2015　東京学芸大学名誉教授・元学長。シェイクスピア研究家）

◇「驚きました　核心の場面を正面から　出会いのソネット　能に出来るとは　あの場面を　ゆっくり　ゆっくり　聴かせて　見せて　能様式ならでは　あのシーンを　あれほどの輝きで　現出したのは　ここ400年で　はじめて　シェイクスピアで　博士号をいただいた者として　断言したい　バルコニーの場を　蓮の台の上として　深い仏教理解は　大拙　ブライス　の延長線上の快挙」（**川田基生**　2015　博士（総合社会文化）「シェイクスピア能研究」）

◇「作者はこの傑作を能にするにあたって、若者達の喧嘩をはじめとする激しい躍動感に満ちた物語の展開をロレンス僧や地謡に語らせ、主筋に焦点をしぼることにより、恋人たちの瞬時的な愛の燃焼と成就を見事に表現した。また最後に原作にない新たな一場面を付け加えた。この加筆は、愛の永遠性を夢幻と幽玄の世界のものとして強く印象付け、原作と能の合体を完璧なものにした。その結果、観客は、残酷な運命を背景にして描かれた清純で鮮烈な愛の尊さを読み取ることができた。〝能シェイクスピア〟には、シェイクスピア劇に対しても能に対しても、作者の勇猛果敢な挑戦が見られる」（**川地美子**　2015　杏林大学大学院教授、シェイクスピア研究家、文学博士）

◇「最後に二人が昇天する場面での地謡の詞「愛児の非業に迷ひ覚め。怒りも解けて赦し合ふ。…この世に生きては純粋に・・・」ここには作者のスピリットが大いに込められていると感じた。先生の思いである「許し合う世界」がリアリティ（現実）になって欲しいとつくづく思った」（**木佐貫洋** 2015　日本文学、蕪村研究家）

◇「観客席は緊張感に張りつめられ、シテとツレの動きにただ目を奪われている感じでした。この舞台に込められた演者全員の意気込みに、我々がどんどん引き込まれ、最後の霊の舞の優美さに心が奪われました」（**木下恵美子**　2015　フランス語教師）

◇「真に珍しい舞台上演に感銘しました。帰りに買わせていただいたNoh Adaptation of Shakespeareがまた驚きの連続です。これほど能とシェイクスピアの融合を国際的に進めておられるとは、実に驚異的です。天皇が（叙勲の折に）あなたに直接話し掛けられた、そのわけがよくわかります。これからもこの特異な分野の開拓にご尽力下さい」（**郡山 直**　2015　東洋大学名誉教授、日英語詩人）

◇「ロレンス神父を先頭に押し立てた平和への希求のドラマとされた趣旨、また能へのイントロ的意味が分かった。一つ補足。平和主義解釈は、それはそれで正論ではあるが、この神父を邪道の?共謀者とする解釈もあり。小生、『シェイクスピア悲劇』はみな『問題劇』と思っています」（**斎藤 衛**

2015　大阪大学名誉教授、シェイクスピア研究家）

◇「目の前に広がる優美な世界に、最初から最後まで魅入ってしまいました。薬を飲んで眠るジュリエットがとても綺麗でした。このあと悲劇が起こってしまうのですが。でも宗片作品には、必ず救いがあるように感じます。貴重な体験をさせていただきました」（**月読かぐや**　2015　舞踊家）

◇「バロック風の劇的要素を能の様式にはめ込むことによって、洗練された融合劇にしている。今回の上演には、新奇さゆえに新鮮な印象を与える演出がたくさんあった。舞踏会の場面で、〈楽〉のような囃子の演奏とジュリエットの舞、そして囃子の途中から謡いはじめる地謡とのアンサンブルは絶妙で新鮮な印象を受けた。またジュリエットが仮死する場面で、一畳台の覆いが取り去られて白い棺に変貌したのは視覚的に鮮やかであった。さらにジュリエットが横たわった姿は、強烈な視覚像を創り出した。女性が寝るという演出は能ではめずらしい」（**三上紀史**　2015　大東文化大学名誉教授、米文学・能楽研究家）

◇「素晴らしい達成を為されました。ぜひ私どものヨーロッパでも公演を期待いたします」（**ジャン・クロード・ボーミエ　Jean-Claude Baumier**　2015　日仏協会）

◇「忘れ得ぬ夜となりました。いくつものレヴェルでインスピレイションを得たからです。観能後、自分が舞台で演じていたかのような興奮を体験しました。能とシェイクスピアと、かくも見事な融合。作者および演者の方々に心からの敬意を表します」（**マーカス・グランドン Marcus Grandon** ２０１５ バーミンガム大学指導員、静岡大学他講師）

◇「上田教授の『能ロミオとジュリエット』には完全に魅了された。翻案に伴う種々の難題（どのシーンを取り上げるかなど）を見事に解決したのみならず、作品に新たなパースペクティヴ（解釈）を与えたことである。衣裳も振り付けも見事な新案。さらにこうした実験的試みに、大劇場を満席にし、しかも十代の子供から老人まで楽しませている姿に驚嘆させられた」（**ルーサー・リンク Luther Link** ２０１５ 青山学院大学教授、英文学）

◇「驚きました。最初の解説で、ＥＵはじめ八か国の大使方に続いて、ヴェローナからの観劇者ということで私も紹介されるとは。能についての日英二か国語での解説はとてもよかった。このヒントやガイダンスによってどれほどこの未知の芸術体験が深まるか。これは是非必要と思いました。実に豊かな心温まる一夕でした。再演時にはぜひお知らせ下さい」（**ニコラス・ザンピエロ Nicolas Zampiero** ２０１５ イタリア人日本文化研究者）

能　リチャード三世

「これが独裁者の　哀れな最期か」

能　リチャード三世

［梗概］　ランカスター家との王位継承（けいしょう）をめぐる「薔薇戦争（ばらせんそう）」に、白薔薇紋章（もんしょう）のヨーク家が勝利した。だがヨーク家のグロスター公リチャードは、平和を好まず、野望達成を企（たくら）み、権謀術数、悪の限りを尽くし、ついに王座に就く。だがボズワースの戦いで味方にも離反され、敵将リッチモンド（ヘンリー七世）にとどめを刺される。シェイクスピア初期の陰惨極（いんさんきわ）まる歴史劇。

所、イングランド
時、中世末期・十五世紀後半
曲柄、現在能、二番目男物（所要時間、約一時間）

人物

シテ（前場）……グロスター公リチャード（貴族出立（いでたち）。能面、平太（へいだ）か直面（ひためん）か）
（後場）……リチャード三世（武将出立）
ツレ（前場）……アン（ヘンリー六世の王子エドワードの未亡人。若女（わかおんな）か美しい女面）
ツレ（後場）……ヘンリー七世（リッチモンド伯）。（王出立）

間（アイ）狂言……バッキンガム公（前場リチャードの部下）の霊
地謡（男三・四名）、囃子（笛・小鼓・大鼓・太鼓）

前場

［無囃子ニテ、シテ（グロスター公）登場］

詞（ことば）気ヲカケ
シテ「グロスター公リチャードとは、わが事なり。さて、わがイングランドの。王位継承をめぐる、抗争は。我ら白バラ紋章の、ヨーク家の勝利に帰し。平和が、回復申した。されど。この、太平の世なるは。わが野心達成には、面白からざる世なり。されば我は、権謀術数を用ひ。わが兄国王や次兄やその王子ら、すべてに代わりて。わが身に、王冠を戴かんとす。これわが、野心なり。その筋書きはすでにこの、胸中にあり

［ツレ（アン）橋掛リニ現レル］

カエテ・タップリ
「や、あれを見給へ。先の戦闘にて某に殺害されたる王子エドワードの、未亡人なり。これまた我に殺害されたる義父ヘンリー王の、野辺送りと見えたり。これ正に、絶好

［シテ、ワキ座辺ニ控エル］

の機会なり

［ツレ（アン）、舞台名乗座ニ入ル］

シテ 詞 気ヲコメ「待て。その棺を、降ろし給へ

ツレ 静カニ「何と申す。神聖なる葬儀を、邪魔立てなさるな。戦場にてはわが義父の身に、触れたるとも。御霊に触れるは、相成らず

シテ ユッタリ「されど、慈悲の道理には　下歌（サゲウタ）・ヨワ・合 **地謡**「悪には善を。呪ひには。祝福をもって報ひよと

(Lady, you know no rules of charity, / Which renders good for bad, blessings for curses.)

ツレ スラリ「国王とその王子わが夫をも、その手にかけて。今更、祝福とは。そなたに適はしきは、地獄なり　**シテ** ユッタリ「地獄とは、よくぞ申されたり。さればわが、真の想ひを告白せん

地 サラリ「この身に真に相応しきは。あなたの寝室。事の起こりはあなたのその美しさ。寝ても覚めても心を去らぬ。たとひひと時でもと

(Your beauty was the cause of that effect, / Your beauty, that did haunt me in my sleep, / To undertake the death of all the world, / So I might live one hour in your sweet bosom.)

シテ ヤサシク「そなたの夫を殺めたるは。さらに愛せる夫を、引合すため

ツレ「さやうな人は、おりませぬ　シテ「ここにおります。目の前に

上歌（アゲウタ）・ヨワ・サラリ

地「目の前に。その目がわが目を虜にした。その目に睨まれて死ぬも構はない。その美しさに射すくめられ死んでしまひたい。我はヘンリー王を殺害し。王子エドワードを殺めたり。されど全ては　シテ「あなたのその。天使のやうな美しいお顔のせい

(But 'twas your heavenly face that set me on.)

地「もしもそなた。復讐にはやるお心を抑へ切れぬか。さらばこの剣もて。真心のこもったこの　シテ「わが胸を。一突きに

［シテ、跪キ、剣先（扇）ヲワガ方ニ向ケテ差出ス。囃子］

詞

シテ「いざ、いづれを取るや。剣か、私か

(Take up the sword, or take up me.)

地「私か。剣か

ツレ「お立ちなされ、偽善者よ。人殺しは、できませぬ

(Arise, dissembler: though I wish thy death, / I will not be thy executioner.)

地「死ねとお命じなら　シテ「死んで見せまする　ツレ「すでに、地獄へ行けと

地「貴方を愛する余りの死なれば　シテ「即ちあなたは、共犯者　ツレ「その、

心根が憎らしい　地「この言葉は　シテ「あなたを愛する、心の証　ツレ「その
言葉も心も、信じられませぬ　地「なれば人は　シテ「すべて嘘つきと
ツレ「剣を、収めなされ　地「されば希望はありと

ツレ　「人は誰しも希望に生きる
(But shall I live in hope? / All men, I hope, live so.)

地　「さればその手に　シテ「この指輪を　［囃子］

地　「男の差し出すその指輪を。女は受け取り。指にはめれば

シテ　「あなたの心が私の。寂しい心を抱きしめたり

地　「身も心も。貴方に捧げ。我は哀れな貴女の僕。亡き人へのお悲しみは
シテ「悔い改めたる私にお任せ下されい　［シテ祈ル］

［ツレ橋掛リへ］

地　「人の心を甘やかす。言葉の術を。女は初めて味ひたり

［ツレ幕ニ入ル］

シテ　「言葉とは、便利な道具よ。かやうに女を騙し口説きたる男が、かつてありしや。
夫とその父親を、殺されて。憎しみに、燃ゆる女が。いとも易く、口説き落された。

これが先の王子の、未亡人。だが(声ヒソメ)。すぐにも、用済(ようず)みとなる。これは、手始(てはじ)め。さらばー(サラリ)

［シテ、足早ニ橋掛リへ］

シテ（不合・ヨワ・引立テ）「おお美しき太陽よ。今しばし俺様(おれさま)の上に輝き給へ

［中入］

間語(あいがたり)

アイ（バッキンガム公ノ霊）「私は生前、バッキンガム公と称し、リチャード殿に仕(つか)えた者です。この世のあり様に我慢がならず、真実を吐露させていただきたく、舞い戻って参りました。

さて、グロスター公リチャードは、王座に近づかん為に、ご自身の兄やその子王子らを陰謀によってロンドン塔に幽閉し、すべて殺害したのです。口説き落したあのアン王妃(おうひ)は、その後病(やまい)と称して、やがてこれも殺(あや)めてしまいました。私は彼の忠実な手下(てした)でしたが、命令の殺しを実行し、約束の報酬を求めたところ、暗殺されたのです。彼は人を使って悪の限りを尽くし、王冠を手に入れたのです。

しかし彼に裏切られた者は、皆その恨みを晴らさんと復讐心に燃え。やがて、ドーヴァー海峡対岸のフランスに生き残りの、ランカスター派のリッチモンド伯を中心に、イングラ

ンドのヨーク派も結集。いよいよ明日、ボズワースの戦場にて、リチャードと決戦を交へることになりました。

今宵、対戦前夜、彼、リチャード三世、天幕にて野営。眠りにつかんとする枕元には、数々の亡者が現れ、「貴様の犯した罪の恐ろしさに絶望して死ぬがいい」など散々恨みを浴びせ、彼を苛みました。実は私もその一人です。

それでは明日、ボズワースの戦場にてお目にかかりましょう。私共の姿が皆さんに、きっと見えることと思います

［入ル］

後場

［囃子］［シテ、リチャード三世、武装ニテ橋掛リニ登場］

シテ（詞）（サラリ）「さても昨夜は恐ろしき夢に、うなされたり。いやいや、ありもせぬ影ぞ（カカル・タップリ）「泡沫の。夢に怯えることあらず

地（サシ）「良心とは。臆病者のほざくもの。この世を治むるは独裁者。権力こそ法なれ。されば剣もて法となす

［舞台ニ入ル。囃子、戦闘（イロエ）。囃子抑エ］

シテ　「さあ者どもよ。打ってかかれ

地　「打ってかかれと命ずれど。味方の将兵。次々寝返り。残る味方は一人もなく。愛馬も倒れ。徒歩となり

シテ　「馬よ。馬よ。馬を一頭持ち来れ。代はりにこの王国をやるぞ
(A horse, a horse! My kingdom for a horse!)

地　「馬を一頭持ち来れ。代はりにこの王国を。やるぞと叫べど。その声空しく。たちまち敵に包囲され。百戦練磨の強者も

シテ　「絶望なり。哀れなるわが身かな。これ独裁者の最期なり。われ死すとも憐みの涙流す者はなく
(I shall despair. There is no creature loves me. / If I die, no one shall pity me.)

地　「やがて敵将リッチモンド駆けつけ来たり。最後のとどめを刺したりけり　［シテ倒レル。後見ニ助ケラレ、切戸口へ］

［囃子］

［後ツレ（リッチモンド、ヘンリー七世）橋掛リニ現レル。

［舞台、名ノリ座ニテ］

名ノリ・詞・確カニ
ツレ　「われは赤バラ紋章ランカスターの、リッチモンド。ヘンリー七世（ななせい）と、称すなり。カカル・拍合・ツヨ「われ等は勝ちて悦（よろこ）ばず

地　ウケテ「われ等は勝ちて悦ばず。敵味方。失ひし命数知れず

ヨワ・合・抑エテ
ツレ　「降伏（こうふく）せるは赦すべし。天なる神よ。われらが戦ひ。正義の摂理（せつり）に適（かな）はんや。われら全（すべ）てを嘉（よみ）し給へ

キリ　［太鼓入ル］［ツレ、舞ウ］

ノル・ヨワ
ツレ　「われらは勝ちて悦ばず　**地**　ウケテ「われらが戦ひ。正義の摂理に適ひなば。神よ全てを嘉し給へ。ヨーク・ランカスター。白バラ赤バラ合体（がったい）和合。戦ひ絶つべし。神の御心（みこころ）に適（かな）はんや。平和と富と繁栄の。平和と富と繁栄の。子々孫々（ししそんそん）。永久（とこしなえ）ならんを。永久ならんを祈るなり

能　ヴェニスの商人

「金銀鉛の箱選び。親の念願(ねがひ)ぞ　有難き」

・「汝(なんじ)外観に惑(まど)はされる者よ。光るもの必ずしも金ならず」

・「我を選ぶ者は、その全てを犠牲にせざるべからず」

・「血は一滴も流すあたはず」　ポーシャ

能　ヴェニスの商人

［構想］　喜劇とも悲劇とも解釈される人気作。結婚と裁判を契機（けいき）に、テーマは、外観と真実か、友情か、慈悲と正義か、さらに遺言と親の願いか。

所、イタリア
時、一六世紀
曲柄、現在能、四番目劇能

人物

シテ……………ポーシャ（前場、ベルモントの貴婦人。後場、裁判官）
ツレ……………ネリッサ（ポーシャに仕える女）
ツレ……………バッサーニオ（ポーシャの求婚者。ヴェニスの商人アントーニオの友人）
ツレ……………シャイロック（ヴェニスの高利貸）

地謡（三・四名）、**囃子**（笛、小鼓、大鼓、太鼓）

前場

［無囃子ニテ、シテ（ポーシャ）ガ、ツレ（ネリッサ）ヲ伴イ登場］

次第・ツヨ・確リ
地謡「金銀鉛の箱選び。金銀鉛の箱選び父の念願や籠るらん

詞
シテ サラリ「イタリアはベルモントの、ポーシャと申します。父の、遺言により。私の絵姿の入った小箱を選んだ男性と、結婚することになっております。意のままにならぬは、残念にも思われますが。確リ目ニ 父の願いが叶いますれば、嬉しく存じます

［シテ、ワキ座辺ニ着座。ツレ（ネリッサ）舞台正面ニテ］

詞
ツレ（ネリッサ）サラリ「ポーシャさまにお仕えする、ネリッサと申します。ポーシャさまは大富豪の、ひとり娘なれば。その遺産と美貌とを、伝え聞き。世界各地より王侯貴族が、求婚にまいります。ですがいまだその絵姿の入った小箱を選ばれた方は、おられません。なぜと申すに皆様当然のことながら、金の小箱を選ばれるからです。

ところで、急ぎ申し上げますが。皆様このことは、決して口外なさいませんよう。

箱選びなさる方々も、これはお約束で。もう一つの、お約束は。この箱選びに失敗なさったら一生、独身をつらぬかれること。この、二つを約束なさって箱選びをなさるのです。

小箱にはそれぞれ、銘(めい)が刻(きざ)んであり。金の小箱には「我を選ぶ者はすべての人が欲するものを得(う)べし」とあり。箱の中には「光るもの必ずしも金ならず。汝外観(なんじがいかん)に惑(まど)はされる者よ」と　(All that glisters is not gold.)

またまれに、銀の小箱を選ばれる方もあり。その銘(めい)には、「己(おのれ)に相応(ふさは)しきものを手に入らるべし」と。しかし中に入っている絵は、愚か者の絵なのです。重ねてお願いいたしますが皆様今日のこのお話は、決してどなたにも口外なさいませんよう。よろしいですね。

（カエテ）さて本日は、ヴェニスより。特に家柄も身分も財産も持たぬ青年が、箱選びにお見えになるとのこと。どのようなことに、なりますやら

［ツレ（バッサーニオ）、橋掛リニ登場。ネリッサ、ポーシャニ向カイ］

ツレ　（サラリ）「ヴェニスより、お若い方がお着きになりました。大そう、ご丁寧(ていねい)な言葉遣(づか)いで。また

高価なお土産物を、お持ちになられました

［ポーシャ、青年ヲ見テイル。囃子工夫アリ］

シテ（ポーシャ）（傍白）「これは娘の恋心。このお方なら。もしもお別れなら。この身が。半分に引き裂かれそう。いえいえ私のものすべて。あの方のものにも

［立チ上ガリ］

シテ「約束ごとは、ご存じでしょうか。ならば箱選びは、お急ぎなられませんように。もしも、お間違えになられたら。二度とお目に、かかれませんもの

ツレ（バッサーニオ）「すぐにも、選ばせていただきましょう。今は、拷問台に座らされて。いえこの上なく、楽しい拷問台ですが

シテ「この中の一つに、私の絵姿が入っております。私を、本当に愛してくださるおつもりなら。必ずそれを、お選びになるはずです

［シテ、座ル。囃子静マリ、ツレ正先ヲ覗ク］

ツレ「父親の娘への愛情が隠されているは、どの小箱か「これまさに、父親の真意を見ぬく試験なり

地「人はしばしば大げさな。身振り手振りや。話しぶりや。外観に惑はされるもの。迷ひ

の種は眼にやどり心を惑はす。されど如何な大富豪も外観を。金銀にて飾り立てるも
のではない。それ父親の真意ならずや

詞 ツレ 「されば、この、控へ目の。目立たぬ、鉛の小箱なるか

地 不合・ツヨ 「その銘に曰く 確カニ「我を選ぶ者は。その持てる一切を投げ打ち。全てを犠牲にせざるべか
らず

(Who chooseth me must give and hazard all he hath.)

詞 ツレ 心持シ「なになに。我を選ぶ者はその持てる、一切を投げ打ち。全てを犠牲にせざるべからず。

(間)

これぞ愛する娘をひとり遺せる父親の、真意なるべし

[囃子工夫アリ、バッサーニオ、鉛ノ小箱ヲ開ケル]

ツレ 引立テ・不合「これぞ正しく美しきポーシャ様の絵姿

地 ウケテ・タップリ「これぞ工の神わざ。目が動く。唇が開く。ああこの目の美しさ。眩しさ。言葉には言
い表せぬ美しさ

詞 ツレ 「詞書あり [読ム] 確リ「汝外観によりて選ばざる者に、恵みあり

(You that choose not by the view, / Chance as fair, and choose as true!)

かく、幸ひを得しうへは。ほかに新しきを、求る勿れ

［シテ（ポーシャ）、立上リ］

シテ スラリ
「その目に映る、この私。これが、ありのままの私。でも貴方の為ならさらに、二十倍も。
いえ、一千倍も美しくなりましょう カカル・美シク「何の心得もなく。教育もなき。小娘なれど

地 ウケテ・スラリ
「この身も。わたしの持ち物も。すべてはあなたのお手に。この指輪とともに。これは
決して失くされませんように

［シテ・ツレ、歓ビノ「相舞」］

［舞ノ途中ニツレ、ネリッサガ、バッサーニオニ手紙ヲ渡ス］

ツヨ・合・次第ニハコビ
地 「手紙を読めばたちまちに。手紙を読めばたちまちに。男の頬より血の気失せたり。彼
が友人ヴェニスの商人アントーニオの船が難破し。それを担保に彼が借りたるバッ
サーニオの。求婚旅行費用三千ダカット返済できず。すでに返済期限切れ。証文に
書きし文言により。今や死を覚悟。最期に一目会ひたしと。ポーシャ驚き訊ぬれば。
三千ダカット借りたるは。ユダヤ人の高利貸。返済できねば肉一ポンド。切り取りて
よしと。バッサーニオの。命にも換へ難き親友なり

詞
ツレ（バ）閑カニ「僕はこれで無一文（むいちもん）どころか、それ以下に。さらに、最大の親友アントーニオ。あの古（いにしえ）の、ローマ人気質（かたぎ）の。気高（けだか）き精神の、親友を失うことに

シテ（ポ）キッパリト「それは、なりません。三千ダカットの二倍にも三倍にもして、返済し帳消しに。それにはすぐにも、教会へ。私をあなたの妻となされば私の財産はすべて、あなたのものに。これわが父の、ご遺志（いし）ならずや。急ぎ教会にて式を挙げすぐ、ご出立（しゅったつ）ください 気ヲコメ「元気を、お出し。これからは、苦労（くろう）を共に

ツレ（バ）ウケテ「ああ何と有難き、励ましのお言葉。されば、急ぎ教会へ ［中入］

［囃子、インタールード］

後場（のちば）

［ツレ（シャイロック）、ユックリ登場。舞台正先ニ出テ］

詞
ツレ（シャイロック）気ヲコメ「ヴェニスの商人、アントーニオ。奴（やつ）はおれのことを、無慈悲（むじひ）な高利貸（こうりかし）とぬかしおる。そして、無利子（むりし）で金を貸しやがる。それがキリスト教徒の、仁愛（じんあい）だと。それが俺の商売の、邪魔なのだ 次第ニハコビ「裁判官よ。おれの、証文（しょうもん）通りにやってくれ。ただ、それだけだ。それ以外何も、言うことはない ［舞台一巡。大小前ニ着座］

［シテ（ポーシャ）、橋掛リニ登場。裁判官ニ変装シテイル。
一ノ松デ立止マリ独リ言］

詞
シテ（ポ）確カニ「人の為に善いことをして、後悔したことはない。しかし従弟の、ベラーリオ博士に代わって。果たして私に裁判官が、務まるであろうか

不合・ツヨ・タップリ
地「いえいえ堂々と男らしく。無いものもあるかのように。人は外観や。話しぶりに。騙されるもの

［シテ（ポーシャ）堂々ト舞台ニ入リ、ワキ柱前ニ着座］

詞・男ラシク・引立テテ
シテ「さて、シャイロック殿よ。世間ではそなたは残忍な敵役を、演じているだけ。誠は善人。最後の最後にカカル「憐みの心を示してくれようと

ロンギ・ツヨ・サラリ
地「されどシャイロック。無言なれば。裁判官は続けたり。返済期限切れたれば。肉一ポンド切り取るは。あまりに無慈悲。相手は借金を二倍三倍にもして返済したいと

詞
シテ「されば金を受け取り、抵当は免除して。そんなつもり、にてはなきか

詞
ツレ（シャ）キッパリ「それがしは証文通りの、抵当をいただきとう存じます。なぜ三千ダカットではなく、肉一ポンドか。申し上げ、にくいことなれど。これまでの、深い憎しみ。その為の訴

シテ　訟。されば、正義の裁きを願います。それが出来ぬならヴェニスの掟は、有名無実

下歌・ツヨ・合
地　「ならば改めて、証文を見せてもらおう
「見れば確かに期限切れ。要求は筋が通り。相手も。それを認め。三倍の金を返すと。
されど金貸しそれを拒めば。裁判官はおもむろに。慈悲を説きたりし　シテ「それ
慈悲とは

上歌・合・ヨワ・スラリ
地　「それ慈悲とは。強ひられるべきものならず。(The quality of mercy is not strained.)
天より降りきたる恵みの雨の如きもの。(It droppeth, as the gentle rain from heaven.)
与へる者にも受ける者にも恵みあり。(It blesseth him that gives, and him that takes.)
正義のみにては人は救はれず。(In the course of justice, none of us / Should see salvation.)

シテ　「慈悲は正義に勝る美徳なり　地「この地上にて王者に相応しきは畏怖尊厳。いえ
それ以上に。慈悲の心なり。それこそ地上の権力を。神に近づけるもの。慈悲は神の
特質なれば (Mercy is an attribute to God himself.)

［シャイロック、ナイフヲ研イデイル］

詞
ツレ　（シャ）「時間の無駄ぞ、裁判官殿。早く証文通りの、お裁きを

シテ　閑カニ「されば、アントーニオ。その胸に、刃を覚悟せねばならぬぞ

ツレ　気ヲコメ「証文には心臓、すれすれにと書いてある　［囃子ナシ］

地　下歌・ツヨ・抑エテ「ヴェニスの商人アントーニオ。この時バッサーニオに語りたり。君が為。ことここに至ると嘆き給ふな。バッサーニオに親友なかりしや。わが友情を。新妻に。裁きてもらひ給へと

ツレ　詞　カカッテ「時間の無駄ぞ。早く証文通りの、正義のお裁きを

シテ　スラリ「されば、やむを得ず。キッパリ証文通りの、正義の裁きを下すべし「この商人の肉一ポンド、正確に。肉、一ポンド切り取るべし。されど血は、一滴も流すあたはず。これ、証文通りの判決なり

(Prepare thee to cut off the flesh, / Shed thou no blood; nor cut thou less, nor more, / But just a pound of flesh.)

地　ツヨ・合・抑エテ・閑カニ「肉一ポンド、正確に。血は一滴も。流すあたはず。これ。証文通りの判決なり

ツレ　詞（シャ）カカッテ「何と、それが法律でございますか

(Is that the law?)

シテ　抑エテ「さやう。法律は、その主旨を尊び。文言に、こだはるべきものならねど。そなたが、そこまで文言にこだはり。それを、正義とこだはる故に。証文通りの、正義の裁きを

なしたるなり

(As thou urgest justice, be assured / Thou shalt have justice, more than thou desirest.)

ツレ 気ヲコメ「それでは申し出の、三倍(さんばい)受け取りましょう

シテ 確リ「待て、それはならぬ

(Soft; -no haste-)

下歌・ツヨ・抑エテ閑カニ
地 「ヴェニス市民にあらざる者。市民の生命(いのち)を奪はんとせるは。ヴェニスの法により。財産の半分は相手方(あいてがた)に。他の半分は国庫(こっこ)に収む

シテ ヨワ「また罪人(ざいにん)の生命(いのち)は。公爵の裁量(さいりょう)に委(ゆだ)ねらる

地 ウケテ「公爵慈悲もて赦(ゆる)したれば。有難や。シャイロック命(いのち)助かり。罰金も軽減(けいげん)されて。ツヨ罵声(ばせい)のなかを。よろめきながら退場す

［シャイロック、橋掛リへ。ヤガテ退場］

キリ ［シテ舞ウ］

合・ヨワ
シテ (ポーシャ)「金銀鉛(きんぎんなまり)の箱選び

(Three caskets, of gold, of silver, and of lead.)

地 ウケテ「父の遺言(ゆいごん)箱選び。いかなる願ひや籠(こ)められし。虚飾(きょしょく)に惑(まど)はさるなかれ。友の命(いのち)を救はんと。裁判官にも変装(へんそう)し。人肉(じんにく)裁判さばきたり。正義に勝(まさ)る美徳あり。慈悲(じひ)と憐(れん)

憫(びん)。法の精神。神の御心(みこころ)に近づかん「娘(高クトリ)(むすめ)ぞ親の誇りなれ。父の遺言(ゆいごん)生かしたる。娘ぞ親の誉(ほまれ)なる「親(モドシ)の念願(ねがひ)ぞ有難(ありがた)き。親の念願ぞ有難き

能　お気に召すまま

―難題解決のカギは、唯一この「もしも」にあり―

「私が嘆いているのは、今のこの文明です」

ジェイクィズ

能　お気に召すまま

［構想］　弟に公国を追われた公爵が、アーデンの森で娘と再会するまでの話。自然の浄化力と人間の文明を対比する作者初期のコメディイで、彼の喜劇の白眉（はくび）とされる。なお当時女優は存在せず、女性の役は少年が演じていた。主役はそのロザリンドとされるが、底流にシェイクスピアの文明批判がある。

所、アーデンの森
時、十六世紀
曲柄、現在能、二・四番目・口語能（所要時間、約一時間）

人物

シテ……先の公爵（公爵の装束付けず）
ツレ……ジェイクィズ（先の公爵に従う貴族）
ツレ……エイミアンズ（同）
ツレ……男（オーランドウ）

ツレ……………ロザリンド（先の公爵の娘。男装している）

地謡、囃子（太鼓入り）

［無囃子デ、シテ（先ノ公爵）ガ、

ツレ（エイミアンズ）ヲ伴イ登場］

次第 **地謡** 合・ツヨ「いかに生くべきこの命。いかに生くべきこの命。逆境こそは試練なれ

詞（ことば） **シテ** 確リ「流浪のわが身の、仲間たちよ。逆境を用いるは、良きかな。これ正に人生、試練の時ぞ。森の樹々に、言葉を読み。流れる小川に、教訓を聴く。自然のすべてに、幸せを見出す。うわべだけの、華やかな生活より。俗塵を離れた森の暮しが、わしには合っている。この暮しを、変えようとは思わない

(Sweet are the uses of adversity; / Finds tongues in trees, books in the running brooks, / Sermons in stones and good in everything. / I would not change it.)

ツレ（エイミアンズ）「冷酷な、運命を。穏やかで楽しい生活に解釈なさる殿は、まことに幸せでございます

シテ　「さあ、鹿狩りに出かけようではないか。とはいえ、先住の生き物に。矢を番えるのは、
痛ましい気がするが

ツレ　「全くでございます。仲間のジェイクィズが、心を痛めておりました。殿が弟君に公国
を横領された、それ以上の横領ではないかと。傷ついて小川で涙を流している、鹿を
見て。自分も、涙を流し。小川の水かさを、増しておりました

シテ　「あの、メランコリ・ジェイクィズ。それで何か、教訓を言ってはいなかったかね

ツレ　「言ってました。「かわいそうな鹿よ。弱ったお前は、仲間外れにされたのか」と。や
がてまた、「脂ぎった金持ちたちよ。哀れな破産者に、目を留めよ」と。そしてさらに、
「国家・都会・宮廷・いや我々の人生までも、槍玉に挙げて。すべて横領だ、暴君だ。
動物の命を、脅かし。彼らの生地で彼らの命を奪うも、同類だ」と。泣いている鹿を
眺めながら、涙を流しておりました

シテ　「彼に、会いたくなった。探してきてくれ　［ツレ退場］

［シテ、ワキ座ニ着座、控エル］

［ヤガテ、エイミアンズ、ジェイクィズト共ニ登場。二ノ松辺リデ］

詞 ジェイクィズ「わしは、殿に会わないようにしているのさ。余りに、議論好きなので。こちらもいろいろ考えてはいるが、こちらは専ら天に感謝することで。自慢話、にはならない

(I give heaven thanks and make no boast of them.)

地（サシ・ヨワ）「名利を捨てて、悠々自適。求むる物は己が食い扶持。誰でも来たれ。ここには敵は一人もおりゃせん。冬と厳しい寒さだけ

(Who doth ambition shun / And loves to live i'the sun, / Seeking the food he eats, / And pleased with what he gets, / Come hither, come hither, come hither: / Here shall he see / No enemy / But winter and rough weather.)

［二人、舞台ニ入ル］

詞 シテ「お前さんは、自分は自堕落な暮しをしながら。ほかの人をばかり、非難しておるんではないのかね

ジェイ「私が嘆いているのは、人間社会全体のこと。いわばこの文明のことで、個人を責めてはおりません。私はよい事以外はしていませんよ。

(What, for a counter, would I do but good?)

もし思いのままを話す、お許しがいただけるなら。悪い病気に取りつかれたこの世界

の、穢れた身体を。徹底的に、浄めてみせましょうぞ。世間が私の療法を、辛抱強く受け入れてくれるなら

(Give me leave / To speak my mind, and I will through and through / Cleanse the foul body of the infested world, / If they will patiently receive my medicine.)

シテ　「それならば、食卓を囲んで。詳しくその話を、聞かせてもらおう

［突如、男ガ刀ヲ抜イテ飛ビ込ンデクル］

男　「やめろ、食べるな。飢え死にする者に、食べさせろ

ジェイ　「まだ、なにも食べてはおらんが

シテ　「お前は一体、何者か

男　「多少の教育を受けた、文明人だ。この森蔭に暮らす、野蛮人にはあらず

シテ　「腕ヅクよりも、優(やさ)しく出た方が。こちらも、優しい気持ちになれるのだが。さあ、坐って食べ給え

男　「ここでは万事が、野蛮ではないのか

シテ　「なんでもここにあるものを、勝手に取るがいい

男「哀れな老人がおるのです、老衰と飢餓で。その者に食べさせるまで、私は食べない

シテ「連れて来給え。それまで、食べずに待とう

世界には吾々以上に不幸なものが、大勢おるのだ

［男、退場］

［囃子］

ジェイ（不合・ヨワ吟）「世界は一つの大きな舞台。男も女も人はすべて。単なる役者。

それ人間の一生は

(All the world's a stage, / And all men and women merely players.)

［ツレ、イロエ］

ジェイ（合・ツヨ）「人生に七幕あり　地（ウケテ）「人生に七幕あり。第一幕は赤ん坊。二幕は学童。三幕恋人。四幕兵隊。五幕裁判官。六幕老人。そして最後は。再び赤ん坊。すべて忘れて。歯もなく眼もなく味もなく。何もなし

(His acts being seven ages. At first the infant, / And then the whining school-boy. And then the lover, / Then a soldier. And then the justice, / The sixth age shifts / Into the pantaloon, / Last scene of all, / Is second childishness and mere oblivion, / Sans teeth, sans eyes, sans taste, sans everything.)

［男、老人ヲ連レテ登場］

詞
シテ　「ようこそ。その老人には、ゆっくり食べさせてあげるがいい

男　「老人に代わって、お礼を申します

シテ　「身の上などは、後でゆっくり

［男ト老人、後見座へ。シバシ穏ヤカナ囃子アリ。
ヤガテ男ハ、舞台へ戻ル］

男（オーランドウ）「それがし名は、オーランドウと申します。サー・ロウランド・ド・ボイズの、末子（ばっし）でございます

シテ　「何と何と、サー・ローランドは。わしがわが、魂の如く愛せる人物よ

オーランドウ　「先日、公爵様の前で力士大会あり。公爵お抱（かか）えの力士チャールズを、投げ倒しました。見ておられた先の公爵の、美しい姫君が。ご自分の首から、鎖（くさり）をはずし。私の首に、かけて下さった。私はあまりの感激に、有難うさえ言えませず。その方が、お父上を探して。この森に、入られたと聞き。私はその後を、追いかけてきた者です

シテ　「君があのサー・ローランドの、令息（れいそく）とは。確かに君のこの顔には、彼の面影が

地（拍不合・ヨワ）「わしはその君の相手の。姫の父親。先の公爵なるぞよ。何たる偶然。何たる不思議

シテ（詞）「それでわが娘には、会えましたか

オーラ「あちらこちらの木に、思いを書いた紙を貼り付け。木の幹には。「ロザリンド」という名を、彫りつけたり。それで出会えたのは、彼女に瓜（うり）二つの青年で。姫君にはまだ会えずに。ところがこの青年。魔法使いだと言い出して

地（サシ・ヨワ）「もしも毎日。僕のところにやってきて。「ロザリンド」と呼べば。ロザリンドに遭わせてあげようと。さらに「もしも」。「ロザリンドよ。我は汝を妻とす」と言えば。「私もあなたを夫（おっと）にします」などと

(Then you must say I take thee, Rosalind, for wife. I do take thee, Orlando, for my husband.)

オーラ（詞）「まるで、本当のロザリンドのような。そして、「考え」は行動の先回りするものなどと

ジェイ「その通り。難題解決のカギは、その「考え」。唯一その、「もしも」なのさ

(Your If is the only peace-maker; much virtue in If.)

［囃子］

地　「難題解決のそのカギは。唯一その「もしも」なり

シテ　詞「ああその青年に、是非会いたい

オーラ　「そしてさらに、もし明日結婚したいならさせてあげよう。「もしも」お望みなら、ロ
ザリンドと　(If you will be married tomorrow, you shall, and to Rosalind, if you will.)

シテ　「すぐにもその青年に会いたい、連れてきてくれ　［オーランドウ退場］

［エイミアンズ、謡イ舞ウ］

エイミ　不合・ヨワ「惚(ほ)れた同士の若者たちよ
ヘイホー　ヘイホー　ヘイノニノー

地　「惚れた同士の若者たちよ

エイミ　「青麦畑(あおむぎばたけ)を二人連れ

地　「春は唯一契(ちぎ)りの季節
鳥はさえずり　チュンチュ、チュン
恋人たちは春が好き　(It was a lover and his lass, / With a hey and a ho, and a hey nonino,
/ That o'er the green corn-field did pass / In the spring time, the only

pretty ring time, / When birds do sing, hey ding a ding, ding: / Sweet lovers love the spring.)

［オーランドウガ、青年ヲ連レテクル。

青年ト前公爵ガ、互イニ、シバシ見合ウ］

青年[詞]「もしも僕が、ロザリンドさまをここにお連れしたら。あなたは彼女をこのオーランドウさまに、あげるとおっしゃるのですね

［囃子ヤム］

シテ「その通り、いくつか所領と共に

青年「もしも僕がロザリンドを連れてきたら、彼女を細君にするというんだね

［青年、オーランドウニ］

オーラ「その通り。たとえ私が、すべての王国の君主であっても

青年「それでは結びの神ハイメンをお呼びして、そのお心をお聞きしよう。ジュピターの妻ジューノーは、縁結びの女神。ハイメンは、その都市の神

［太鼓入ル］

［青年ハ後見座へ。物着。ヤガテ歌ガ聞コエテクル］

(Then is there mirth in heaven,

地　「地上のものみな和みなば
When earthly things made even / Atone together. /

天上にも歓び溢れん
Good duke, receive thy daughter:/

公爵よ。そなたの姫ぞ。迎へ給へ
Hymen from heaven brought her, /

ハイメン天上より連れ参りたり
Yea, brought her hither, /

天上より。いまここに
That thou mightst join her hand with his,/

されば姫の手と彼の手と結ばせよ
Whose heart within his bosom is.)

姫の心はすでに彼の胸にあり

［青年ガ女装シテ戻ッテクル］

青年（ロザリンド）詞「貴方が私の父でなければ、私に父はありません

シテ（前公爵）「見ているものが真実なら、正しくこれはわが娘
(If there be truth in sight, you are my daughter.)

ロザリンド「あなたが私の夫でなければ、私に夫はありません。
(I'll have no husband, if you be not he.)

貴方に私を捧げます、私は貴方のものですから　(To you I give myself, for I am yours.)

オーラ「見ているものが真実なら、これは正しくわがロザリンド

キリ

地（サシ・ヨワ）「結びの神に結ばれし。共に真心偽りなく。心行くまで話し合ひ。不思議も万事解決す。

切っても切れぬ夫婦仲。冬と嵐の間柄

（カエテ・ツヨ）「兄を追ひ出せる公爵は。大軍ひきつれ森に来たれば。老いたる修道僧に出会ひ。

説得せられ改心し。過去を悔い。位と共に公爵領を。前公爵に返上し。自ら森に定住し。

修道の道に入りたると　(The duke hath put on a religious life.)

（ノル）「これを聞きたるジェイクィズ。親子の再会。婚礼に。祝意を示せど。祝宴好まず

ジェイ（詞）「われはその公爵に、学ぶべきこと多かるべし。われはこの森に残るべし

［再ビ太鼓入ル］

シテ（ノル・ツヨ）「さあ始めたり。婚礼祝宴。さあ幕切れに慶びを

エピローグ　［ロザリンド、女装ノママ］

ロザリ「これが最後の納め口上。お気に召すまま。召されましたか。男の僕が女を演じ。森ではそれが男になり。また女になり。実は男　地「男が女に。女が男に。お好きなように。お気に召すまま。お気に召すまま。お好きなように。それではこれにて。御機嫌よろしゅう。御機嫌よろしゅう

［皆入ル。ジェイクィズ一人離レテ最後ニ入ル］

能　ジュリアス・シーザー

・「この妻に恥じぬ男でありたきもの」　ブルータス

・「万人が自由人として生きる。
それがローマではないのか」　ブルータス

「ブルータスのみは。万人の幸せ願い、
シーザー暗殺に加はりたり」

能　ジュリアス・シーザー

［あらすじ］　紀元前一世紀のローマ。陰謀家キャシアスに誘われて、高潔の士ブルータスは市民の自由のためシーザー暗殺に加わる。しかしその後、ブルータス・キャシアス連合軍は、アントニーの軍に敗れる。

所、ローマ

時、紀元前一世紀

曲柄、現在能、二番目男物（所要時間、五十分）

人物

シテ……………ブルータス（ローマ元老院議員。後、亡霊）

ツレ……………キャシアス（シーザー暗殺の首謀者）

ツレ……………アントニー（シーザーの親友・追慕者）

ツレ……………ポーシャ（ブルータスの妻）

間（アイ）狂言……（ローマ市民）

地謡（三・四名）、囃子（笛・小鼓・大鼓）

詞

キャシアス「これはローマ元老院に、キャシアスと申す者なり

［ツレ（キャシアス）登場。囃子ナシ］

さて独裁官の、ジュリアス・シーザーは。ガリア遠征、エジプト遠征より帰国後。皇帝たらんとの、野心ありと見えたり。されば、共和政体のローマが。民主政より、軍事独裁政となる恐れあり

彼はかつてテイベール川で、溺れかかり。キャシアス助けてくれと、叫んだ男。われと同列の人間を恐れながら生きることは、我慢がならぬ。彼が、神になる。彼の奴隷になど、なるものか。これは断固、阻止せねばならぬ

奴は、わしを嫌っている。だが、ブルータスを愛している。・・・シーザー暗殺を、民衆に納得せしめんには。高潔の士、ブルータスを仲間に加へんは必須なり。シーザーの、野心をほのめかし。ブルータスを誘ひシーザーを討たんと、決意したるなり

［キャシアス、橋掛リヲ、揚幕近クマデススム。囃子アシライ。
ヤガテ揚幕アガリ、シテ（ブルータス）出ル。囃子ヤム。両人シバシ向カイ会ウ。
無言ノママ静カニスレ違イ、キャシアスハ幕ニ入ル］

地謡「朱(しゅ)に交はりてや赤くなる。朱に交はりてや赤くなる。朱に交はりてや赤くなる

(It is meet, / That noble minds keep ever with their likes.)

［ブルータス、舞台へ］

ブルータス（詞）「わが同僚にして友人の、キャシアス曰く。シーザーに皇帝たらんとの、野心ありと。権力の座に、慣れたれば。力に溺れ、いかなる独裁政治に走るやも知れず。されば機(き)先(せん)を、制すべきか

（カカル）「われはシーザーを愛すなり。されどローマを救はんためなれば。わが命さへ惜しむべきや

地「その肉体を傷つけず。精神のみを殺(あや)めんか。その術(すべ)なくば。血を流さんか

［揚幕ニ、妻ポーシャ現ル］

ポーシャ（詞）「朝まだきに、床(とこ)を脱け出し。いかが、なされましたか。暗闇(くらやみ)に覆面(ふくめん)の方々(かたがた)は、い

かなる御用に。お悩みを、お分かち下され 「われは人も知る武人ケイトーの娘なり

「秘密なれば決して人には、申しませぬ

ブルー「ああこの妻に、恥じぬ男でありたきもの (Render me worthy of this noble wife!)

「いずれ話して進ぜやう。この朝の冷気は身にしみる。今は戻りて寝みたまへ

［ポーシャ、入ル］

ブルー「市民の自由の為なれば。ローマに王制は不要なり。シーザーに王冠は許されず。神々よローマをお守り下されい

［中入］

［囃子アシライ。突如、シーザー暗殺ヲ暗示。アイ走リ出デ］

間語

アイ

「私は一ローマ市民です。大変なことが起こりました。元老院にてシーザーが暗殺された。その暗殺者の中に、ブルータスもおられたと。

今日は三月一五日。シーザーは、三月なか日に気を付けよとの占い師の言葉を聞いていた。

妻のカルパーニアは今朝、シーザーの胸像が血を吹いた夢を見た。それ故、使いが来ても、今日は行かぬ。気分すぐれず、と言っていた。それがブルータスの迎えに、行かざるを得なかった。そして元老院にて議事進行中、暗殺者たちにとり囲まれた。その中にブルータスの姿を見て、「ブルータス、汝もか」(Et tu, Brute?—Then fall, Caesar.) と叫んで刺され、亡くなったと。その時、詩人のシナは、自由だ、解放だ、暴政は滅んだぞと、叫んだと。

その後、ブルータスが我々に、シーザー暗殺の理由を説明してくれた。シーザーを愛する心情は人後に落ちぬ。されどそれ以上にローマを愛すと

(Not that I loved Caesar less, but that I loved Rome more.)

シーザー一人が生きて、皆はその意のまま、奴隷よろしくでいいのかと。野心に身をゆだねたシーザーを死なせ、万人が自由人として生きる、それがローマではないのかと。ローマ市民にして自由を欲しない者はいるかと。そこで市民一同、そんな者はいない。一人もいないぞと叫んだ、という次第。

［ツレ（アントニー）、ローブ（シーザーノ遺体）ヲ抱キ、揚幕ヨリ現レル］

あそこにシーザーの子分のアントニーが、シーザーの死体を抱いて見えました。

［アイ、控エル］

［アントニー、舞台ニ入リ］

詞 アントニー「友人諸君。ローマ市民諸君、諸君の耳を貸し給へ。人の行う悪事は、死後までも残る。しかし善行はしばしばその骨と共に、埋葬される。シーザーにして、然りか。高潔の士、ブルータスは。シーザーは、野心家たりしと

(Friends, Romans, countrymen, lend me your ears. The evil that men do lives after them: / The good is oft interred with bones. / So let it be with Caesar. The noble Brutus / Hath told you Caesar was ambitious.)

諸君、聴き給へ。ルパカルの祭の日に私が、三たびシーザーに王冠を捧げたるが。彼は、三たびそれをしりぞけたり。これは、野心の表れか。・・・ブルータスは、シーザーは野心家なりしと。そのブルータスは、高潔の士なり

(Yet Brutus says, he was ambitious, / And sure he is an honourable man.)

ここにシーザーの、遺言状あり。諸君が相続人にて。全市民に一人七十五ドラクマずつ、贈るべしと。いかに彼がローマ市民を、愛せるか。・・・しかしブルータスは、シーザーは野心家なりしと。そのブルータスは、高潔の士なり。

諸君、見給へ。これが暗殺者たちにより斬りさいなまれたるシーザーの、無残な姿なり。

地（一人）「おお、惨（むご）たらしい。暗殺者どもは謀反人（むほんにん）

地（他ノ一人）「悪党め。奴らの家に火をかけろ

アント 詞「余は諸君を、煽動（せんどう）し。謀反（むほん）の渦（うず）に巻き込むを、好まず。されば、後（あと）は。心やさしき、
諸君の判断に委（ゆだ）ねよう　［アントニー、橋掛リへ］

地（他ノ一人）「シーザーの仇（かたき）を討て。シーザーの仇を討て

［囃子、アシライ。アントニー入ル。
再ビ、アイ登場］

アイ
「その後のことを、お話し致したく。
アントニーの演説により反乱が起こり、ブルータス・キャシアスの連合軍とアントニーの軍が、合戦（かっせん）を交えることに。その結果ブルータス・キャシアス連合軍は敗れ、ブルータスは自害したとのこと。捕虜とはならず自ら命を絶ったと。

その合戦前夜の事。ブルータスとキャシアスは天幕の中で激しい口論になった。キャシアスは、シーザー暗殺後アントニーに追悼演説を許すのは危険だ。演説を許さぬだけでなく、アントニーもシーザーと共に殺害すべきだと主張していた。それに対してブルータスは、首を切った後で手足を切り刻むのはよそう。アントニーには、さして力はない。またローマ市民は自由人として、理性的な判断ができると。・・・しかし現実は、キャシアスが言った通りになった。

また翌日の戦いの戦術について。キャシアスは、地の利を得ている我々はここで敵を迎え撃つべきと主張した。一方、ブルータスは、時間と共に敵は勢力を増しつつある。打って出て戦わねば勝ち目はないと。・・・しかしこれも現実は、キャシアスの言った通りになった。

ところでその夜、床に就いたブルータスに、シーザーの亡霊が現れた。「フィリパイの野で会おうぞ」と。またその夜、ブルータスには悲しい知らせが届いていた。戦場に出た夫の帰りを待ちわびて、戦況を知った妻のポーシャが火を飲んで自ら命を絶ったと。ブルータスは先に、人は皆いずれは死ぬのだ、要は時の問題と言っていたというのだが。

［アントニー、揚幕カラ現レル］

アントニー殿が凱旋された。それでは私はこれにて　［アイ、控エル］

［法要ノ囃子。アントニー、舞台正面ニススム。囃子抑エ］

次第（抑エテ）

地「君子の過ち日月の。君子の過ち日月の。食の如しと言はるなり

アント「ブルータス。彼こそは。ローマ人にして最も高潔の士なりし

(This was the noblest Roman of them all.)

地「他の陰謀家たちは。シーザーへの羨望により彼を殺害せり

アント「ブルータスのみは。ローマ市民の自由のため

地「正義の精神にかられ。万人の幸せ願ひ。かの一味に加はりたり

(He only, in a general honest thought / And common good to all, made one of them.)

［後シテ（ブルータスノ霊）、揚幕マエニ現レル］

アント「その人格や。穏やかにして円満なりし。マーカス・ブルータス。彼が最期の言葉とは

地　「彼が最期の言葉とは。シーザーよ。シーザーの魂よ。われはいま。死に臨み。今よりもさらに心すすまず。君を刺したり。赦し給へ。赦されよ。かくて彼は。自らを刺して自害せり

(Caesar, now be still. / I killed not thee with half so good a will.)

［ブルータスノ霊、幕入リ、姿消エル］

地　「真にブルータスを知る部下は。ブルータスに勝るはなしと

(For Brutus only overcame himself, / And no man else hath honour by his death.)

地　「これを聞きたるアントニー

アント　「シーザーが甥オクテーヴィアス・シーザーに。これら全てを知らすべし

キリノル地　「その後三頭政治となり。オクテーヴィアス・シーザーは。ブルータスが部下すべてを。自らの部下とし優遇す

(All that served Brutus, I will entertain them.)

またブルータスを称へたる。今に残るアントニーの言葉あり。人間をつくり給ひし大自然よ。高らかに。誇らしく。世界中に知らしめよ。これぞ人間。これぞ人間。これぞ人間たりしと。

This was a man. This was a man.

［解説］

紀元前一世紀、ローマの元老院で独裁官のシーザーが暗殺された。シェイクスピアはこの史実を、『ジュリアス・シーザーの悲劇』として、四大悲劇（『ハムレット』『オセロー』『リア王』『マクベス』）制作の直前に、シーザー暗殺者たちを中心に作劇した。そこには彼の人間観が鮮明に表れている。（シェイクスピアの作中、最も平明な作）。即ちこの悲劇の主人公は、シーザーではなく、暗殺者の一人、「高潔の（ノーブル）」理想主義者ブルータスである。彼は最期、戦いに敗れ自害する。シェイクスピアは、政治家としての理想は現実的な哲人政治家を考えていたか。

なお、この作品におけるローマの民衆は、自由市民とは言いながら、いかに容易に政治家の巧みな弁舌に左右されるものか。（これも今日的な課題）。

二人の女性の登場も見逃せない。ブルータスの妻ポーシャ（『ヴェニスの商人』の裁判官と同名）と、シーザーの妻カルパーニアである。シェイクスピアは人間の、特に女性の、予知能力にも関心があったと思われる。

なお、シェイクスピアはほとんどの作品で人間の「生死」を扱っているが、本作でもブルータスの「人は必ず死ぬのだ。それがいつか、が問題」と言い、妻ポーシャは「火を飲んで自害」したと。なぜか。

能　ハムレット

「生か死か、それが問題か。
生死はもはや問ふまでもなし」

『英語能 ハムレット』（シテ・宗片邦義）、国立能楽堂、1985 年。Photo:Tatsuo Yoshikoshi

1982 年初演の『英語能ハムレット』（シテ・宗片邦義）は、1985 年に国立能楽堂で再演され、それを基に日本最初の日本語『能ハムレット』が梅若研能会により 2004 年にカザルスホールで公演されている。主催日本大学。（99 ページ、註参照）。それは夏目漱石が坪内逍遥訳・演出の「ハムレット」を批判し、シェイクスピア劇独特の詩をいかすために、「能・謡曲という別格の音調を持つ象徴劇」への翻案を提唱してから一世紀。初の「能ハムレット」上演であった。

能　ハムレット

［構想］　シェイクスピア劇を代表する悲劇『ハムレット』。デンマーク王子ハムレットの遺言により、親友ホレイシオが殿下の生涯を物語る。

所、デンマーク
時、十六世紀
曲柄、夢幻能風、二・四番目（所要時間約一時間）

人物

シテ……………ハムレット（デンマーク王子。先王ノ息子。現王ノ甥）
ツレ……………オフィーリア（ハムレットノ恋人。宮内大臣ノ娘）ノ亡霊
ワキ……………ホレイシオ（ハムレットノ親友、学者。今ハ旅僧）
間（アイ）狂言……墓守
地謡（三・四名）。囃子（笛、小鼓、大鼓、太鼓、尺八）

前場

［ワキ（ホレイシオ）登場］

名ノリ・詞・確リ

ワキ　「これはデンマーク王子ハムレット殿下の友人にて、ホレイシオと申すなり。さてもハムレット、殿下には。不慮の、出来事により。御年三十歳にて、お亡くなりになられたり。その、今際の際に。ホレイシオよ。吾が生涯の真実を、後の世に伝へよと。されば我は、旅僧となり。国々を巡り殿下の生涯を、語り伝へるなり

カエテ

「ご覧なされ。殿下のお姿が、彼方に見えてまいりました

［ホレイシオ、ワキ座へ］

［後見、舞台正先ニ小袖ヲ伸ベル。］

［一声］　［ハムレット橋掛リニ現レル。
二ノ松辺リデ］

一セイ・ヨワ・スラリ

シテ　「生か死か。生くるか死ぬるかこの命。生死の道に迷ふなり

(To be, or not to be, that is the question.)

サシ・不合
「いずれか気高き心なる。残忍非道の運命に耐へて生き抜くや。または苦難の海に立ち向かひ。その息の根をとどめんか

下歌・合・ヨワ
「死ぬるとは。心の悩みも肉体の。患ひもすべて断ち切れる。この上もなき最期なれ

〔舞台ニ入リ〕

クドキ・閑カニ
「死ぬるとは。まことすべての終わりなるや。眠りの如きものなるや。眠れば夢を見るものを。如何なる夢を見るやらん。

(To die, to sleep; / To sleep: perchance to dream: ay, there's the rub;/ For in that sleep of death what dreams may come.)

地謡 ウケテ
「旅人帰らぬ国なれば。思ひ迷へば優柔不断か。乾坤一擲。実行の名を失へり

(Thus conscience does make cowards of us all; / And lose the name of action.)

〔シテ正先ノ小袖ニ気付ク〕

シテ クリ
「あれなるは。わがオフィーリアの埋葬にてはなきや

地 サシ・ヨワ
「恋人の。思ひも寄らぬ野辺送り。デンマーク王子ハムレット。宰相ポローニアス殺害の廉により。イングランドへ島流し。海賊船に飛び乗りて。帰りてみれば恋人の。思

ひも寄らぬ野辺送り。［シテ、小袖前］墓穴に飛び込み彼の女を。かき抱かんとせるほどに。兄レアーティーズに遮られ。王には狂気と罵られ。遠ざけられし悔しさよ

シテ　「四万人の兄よりも。なほ我が愛は勝れるを

［オフィーリアノ墓前ニ慟哭（シオリ）、坐禅、黙想］

地　クセ・合・ツヨ　「その後墓所に戻り来て。墓前に坐して思ふやふ。我は父。ハムレット王を敬ひし。その亡霊や現れて。いま王冠をいだく者に。命と共に。王冠も王妃も奪はる。復讐せよと命ぜらる。われは復讐を厭へども。父国王の厳命なりせば

シテ　一セイ・引立テ　「忌まはしや。この世の関節外れたる。それ立て直す。わが運命なりや

(The time is out of joint. O cursed spite, / That ever I was born to set it right.)

地　ウケテ確リ　「されば命を懸けんとて。想ひ人オフィーリアには

シテ　気ヲコメ　「君。尼寺へ。尼寺へ行き給へ

(To a nunnery, go.)

地　クドキ・ツヨ　「そは。清らに生きよの謂ひなりし。（間）さてその後。王妃の寝室の。壁掛に隠れし者あり。さてはと思ひ突き刺し見れば。王にはあらで。哀れ。そは宮内大臣。オフィーリアの父なりき　「かくてハムレット。イングランドへ島流し。父を失ひ。恋人失ひ

しオフィーリア。孤独(こどく)に耐(た)へかね。狂気(きょうき)となりて。水面(みのも)に身を。投げたりや

シテ（不合・ヨワ）「哀れオフィーリア。許し給へ　**地**（ウケテ）「許し給へや

［「恋ノ音取(ねとり)」風ノ笛アリ。橋掛リニ、
オフィーリアノ亡霊現ワル。ハムレットニ近ヅキ、
シバシ右手差シ伸べ、ヤガテ消エル。
ハムレット、居立チ、扇抜キ持チ、舞ウ］

（能『山姥(やまんば)』キリノ如キ）「悟リノ舞」(Dance of Enlightenment)

シテ（ノル・ツヨ・確リ）「生死(しょうじ)はもはや。問ふまでもなし　**地**（ウケテ）「生死(しょうじ)はもはや問ふまでもなし

(To be or not to be is *no longer* the question.)

シテ（確リ）「生(せい)あるすべては往(い)くべき運命(さだめ)　**地**（ウケテ）「早(はや)きか晩(おそ)きか

(If it be not now, yet it will come.)

シテ（確リ）「さればいま　**地**「さればいま　**シテ**「いまこの時に命懸(いのちか)くべし　**地**（ウケテ）「この時に命懸くべし。覚悟がすべて。覚悟こそはすべてなれ

(The readiness is all.)

［三ノ松マデ走リ詰メ、小回リ開キ、入ル］

［中入］

間狂言(あいきょうげん)（墓守。謡イナガラ登場）

「若い頃には恋もした。甘いあまい恋もした。

とろけるような恋もした。年はとっても気持ちはいつも青海原。

生きることは選ぶこと。この世の醍醐味わかってきたさ。


「この世にゃ一つも偶然はなし。すべて因果はあるものよ。

(There is no co-incidence in this world, / Everything has cause and effect,)

生きることは選ぶこと。この世もあの世もほんとのいのち。

宇宙(うちゅう)の命(いのち)につながること。この世の醍醐味わかってきたさ。

(To live is to choose, / Connect your life to the life of the Universe. / This life and life-after are both real lives, / Now I know the secrets of this life.)(K.M.)


「この辺(あた)りの墓守(はかもり)でござる。長い間(あいだ)墓守をして参ったが、思へば三十数年前の事でござった。宮内大臣(くないだいじん)ポローニアス閣下(かっか)のご息女(そくじょ)、オフィーリア様の簡素な野辺送りがござった。実はハムレット殿下がその後お忍びにて再び詣でられたのでござる。これを存じ上げるはそれがし一人なれば。それをわが胸に収めおくも落ち着かず。物語り致したく存ずる。

野辺送りのありし翌日のこと。殿下と思しきお姿がオフィーリア様の墓前に見えられた。墓前にお座りになりひと時瞑想なされ。時折お涙を流された。その時どこからともなくオフィーリア様とおぼしきお姿が現れて。静かに殿下に近づかれ。背後より右手をかざし。殿下を祝福しておられる如くでござった。やがてそのお姿は消えて。殿下もお帰りになられたのでござる。

これはいかなることとも、墓守のそれがしは存じませぬが。それがし一人の見守りたることとなれば。御物語り申し上げたる次第にござる。

レアーティーズ様とフェンシングの試合をなされ。御いのちを落とされたのは。その翌日の事でございました。

「この世にゃ一つも偶然はなし。すべて因果はあるものよ。

生きることは選ぶこと。この世もあの世もほんとのいのち。
宇宙の命につながることよ。この世の醍醐味わかってきたさ

［入ル］

後場

［ワキ（ホレイシオ）登場］

ワキ 詞 「さても、ハムレット殿下には。イングランドへの島流しより、帰られたれば。国王より、レアーティーズ殿との。フェンシングの試合を、申し込まれたり。殿下はその時、胸騒ぎを覚えられたれば。

(How ill all's here about my heart.)

我はその時、さればお断わりすべしと進言せるも。殿下は、かかる前兆に挑戦す。雀が一羽空から落つるも、神の摂理と思召(おぼしめ)され。かくて試合に、臨まれたり。されどかのとき殿下を、さらに制せざりしは。ホレイシオ一生の、不覚(ふかく)なりし。殿下のお言葉「この、天地の間には。学者の思ひ及ばぬこと、多かるべし。」思ひ出ださるるなり

(There are more things in heaven and earth, Horatio, / Than are dreamt of in your philosophy.)

見よ。かなたに殿下のお姿が、見えてまいりました

［ワキ座へ］

サシ・不合・ツヨ
地「試合に先立ちハムレット。おのが過ち詫びたりけり。されど相手は。父を殺され。妹を失ひたるレアーティーズ。正に仇討。真剣勝負の形相なり

［ハムレット、一人登場。］

［囃子、斬組（カケリ）。ハムレット、独リ舞。

ヤガテ囃子抑エ］

修羅ノリ・ツヨ
「されど一本二本目も。ハムレット獲りたれば。王は祝杯あげよとて。盃に真珠を入れて勧めたり。殿下これを　シテ　確リ「もう一勝負　地　ウケテ「と断れば。（間）王妃代りにこれを飲む。さて三本目は引き分けたれば。レアーティーズ。休むハムレットの背後に近づき。その腕を刺したりけり。血を見て殿下は　シテ　確リ「これ裏切りぞ　地「と。相手の剣を叩き落とし。見れば真剣。すかさずこれにて相手を刺せば。ユルメ王妃も倒れ。かの祝杯は。毒杯なりきと知られたり

［囃子十分抑エ］

地　確リ「ここに至りてレアーティーズ。すべて白状。剣は毒剣。共に命なし。張本人は王なりと。

これを聞きたるハムレット。かの毒剣もて王を刺し。残る毒杯飲ませたり　［囃子止ム］

（平ノリニモドシ）「かくて殿下は期せずして。かくて殿下は期せずして。父王の命を達したる

シテ（引立テ）「これ。わが運命なりしや

地（合・ツヨ）「偶々なるや。ノルウェイ王子フォーティンブラス。この惨劇に遭遇し。ハムレットよりの遺言に。デンマーク王位を継承す。されば哀悼の心もて。ハムレットを称へたり

（不合・ヨワ）「時得たりせば。世にも稀なる理想の王者たりしを　(He was likely to have proved most royal.)

キリ　「舞」（能『江口』キリノ如キ）(Dance of Ascension)

シテ（ノル・ヨワ・シンミリ）「赦し給へや

地（スッキリ）「許し合ひなん今際のときぞ　(Exchange forgiveness.)

シテ（シンミリ）「哀れ妃よ。われも往かなむ　**地**（スッキリ）「この世は永久のものならず。生あるすべては永遠の世へ　(All that lives must die, / Passing through nature to eternity.)

シテ（閑カニ）「時あらばさらに語らんを。今はこれまで　(Let it be.)

地（乗ラズ閑カニ）「命をかけし。唯一の世とて　**シテ**（確リ）「天よわれを解き放し給へ　**地**（美シク）「永遠の国へ

［ホレイシオニ］

シテ　閑カニ「君非情の世に生き永らへ。わが物語を後の世に。あとは静寂

(And in this harsh world draw thy breath in pain, / To tell my story. The rest is silence.)

［尺八（明暗流）入ル］

ワキ　（ホレ）乗ラズ「気高き心が飛び立たる。さらばお休み麗し王子よ

地　ウケテ「気高き心が飛び立たる。さらばお休み麗し王子よ

(Now cracks a noble heart. Good night, sweet prince.)

聞こえきたるや天使の歌声。見えたりしや天使の御迎へ。

［シテ、橋掛リ。ツマミ扇。次第ニ高ク］

天使の飛翔と歌声に。天使の飛翔と歌声に。誘はれ導かれて。誘はれ導かれて。安息世界へ往き給へ。安息世界に入り給ふ

(And flights of angels sing thee to thy rest!)

註。本作は、一九八五年「能シェイクスピア研究会」公演の英語能『ハムレット』（二場構成、シテ宗片、国立能楽堂）を基に、新たに「現代能」として制作したものである。なお、二〇〇四年の梅若研能会による日本語初演「能ハムレット」は、詞章・演出その他、間狂言以外はこれとはかなり異なるもので、（演出 観世栄夫・梅若万三郎・宗片邦義、シテ 伊藤嘉章、ツレ 長谷川晴彦、ワキ 加藤眞悟、間狂言 野村万作、地頭 青木一郎、カザルスホール）それは既に学会誌『融合文化研究』第5号、2005に、台本批評等掲載されている。（「国際融合文化学会」HP参照）。

本作との大きな違いは、本作はハムレットの昇天に終わるのに対し、後場にハムレットの霊が登場しワキ（ホレイショ）と問答。「われ生死の海を越えすぎて。光の国に至りつつ。真の愛を悟り得たり」と謳い、さらに地謡に、「今みな人は世界の市民。広きまなざし。たかきこころ。幸せにまさるものなし。諸人の寿福増長。仮齢延年」と謡わせたことである。

批評。（『英語能ハムレット』初演一九八二年以降を含む）　＊一部抜粋、要約あり

◇「『能ハムレット』は坪内逍遥がシェイクスピア史劇を歌舞伎に生かした『桐一葉』、黒澤明が『マクベス』に基づいて映画化した『蜘蛛巣城』に続いて、日本人がシェイクスピアを使って独自の新しいドラマを創造した画期的な公演であった」（**荒井良雄**　1982　学習院大学教授、駒澤大学名誉教授、シェイクスピア研究家・役者・朗読家）

◇「先生の『能ハムレット』をはじめとする英語能や作・演出の能は日本の演劇史や英学史の中で光っているばかりか、国際的にも広がりが大きく、日本文化の誇りです」（同　2011）

◇「オフィーリアの亡骸を表象する小袖を前に、ハムレットは坐禅のポーズで長い「黙想」に入る。囃子は笛のみ。しばしあって背後の塚から白装束のオフィーリアが現れ、黙想するハムレットの後に寄り添う。笛が止み、悟りの瞬間、作者は『ハムレット』の最も有名な一行を書き変える。シェイクスピア劇の激しい動きが極度に切りつめられ、饒舌の劇が沈黙の劇へと凝集された『能・ハムレット』の最も象徴的な場面がこの「黙想」であり、西洋と東洋が切り結ぶのを外国人観客が集約的に経験したのもこの場面であったろう」（**岡本靖正**　1983　東京学芸大学名誉教授・元学長。シェイクスピア研究家）

◇「上田（宗片）邦義のシェイクスピア能は禅の芸術であり、日本仏教の千数百年の歴史の中にある。その核心は自己と他者の救済にあり、人間の根元的苦悩も解決にある」（**川田基生**　2005　博士（総合社会文化）「シェイクスピア能研究」）

◇「作者の初演台本初稿（『融合文化研究』第四号）では、霊となったハムレットはオフィーリアへの愛を悟るとともに、次のせりふで人類最大の問題を伝えている。「己が自由や権利の主張。幸福追求競い合うは。いまだ進化の過程なり。これ即ち人類進化の証なり。全人類の共生にこそ燃ゆるなれ」と。

復讐という争い合いによって、運命を翻弄されたハムレットとオフィーリアであるからこそ、最大の問題は「人類の共生」だということを悟り、わたしたちに示すことが出来たのである。日本語『能・ハムレット』は、本当の愛のあり方と、生と死の意味合い、それを通して、わたしたち人類には何が必要なのかを示しているといえる」（**川原有加**　２００５　日本大学大学院生）

◇「オフィーリアの死をあのようにとらえたハムレットは未だ曽て上演されたことはないでしょうし、あのように人生をとらえたハムレットも上演されたためしはないのではないでしょうか。私には彼のハムレットの方がシェイクスピアの描いたハムレットより人間としてははるかに素晴らしいハムレットだったように思われました」（**ホセ・シバサキ**　１９８５　詩人、日本翻訳詩人協会会長）

◇「死後のオフィーリアがハムレットと対面する場面は原作にはない。この場面は作者の主張である。このオフィーリアの姿は作者の心に現れた姿であり、この心に浮かぶオフィーリアを観客が共有するのは夢幻能の特徴である」（**杉澤陽子**　２００５　観世流能楽師）

◇「ハムレットは、『生か、死か』と悩み続けた末に『もはやそれは最大の問題ではない』と悟る。ここに宗片ハムレットの独創性が遺憾なく発揮されている。この一行だけの書き換えによって、シェイクスピアの『ハムレット』は『能・ハムレット』になったのである。私はこの公演を観て〈能の演劇化〉と〈シェイクスピア劇の幽玄化〉という相反する二つの要素が、違和感なく調和結合されているように思えた。この公演に二十一世紀の日本演劇のあるべき将来の姿を見た」（**平 辰彦**　１９８３　博士（文学）「シェイクスピア劇における幽霊研究」）

◇「迷いの言葉を悟りの言葉に変える。愛人の死を知ったあと、生死を超越して自己の運命を享受する覚悟のキーワードに変えた。これは賢明な決断だった。シェイクスピアを能の世界観に取り込むための新しい創造である」（**鳴海四郎**　１９８７　英米演劇研究家、翻訳家）

◇「狂言の中に、優しさ、柔らかさを望んでいる自分としては老墓守の役は面白く巧ましい役どころであった」（**野村万作**　重要無形文化財保持者・人間国宝、能楽師）

◇「ハムレットが能の形式に見事に生かされ、沈黙の時間によっていっそう意味深くなったことを感じ取りました」（**福田陸太郎**　１９８３　東京教育大学名誉教授、比較文学研究家・詩人）

◇「再演を見て、初演の五場物を一応二場物に集約し、時間も前後で七十分になったのは見事である。シテ一人に凝集した演出構成で効果を上げ得た。後場で、相手のレアーティーズは地謡座でセリフだけ、結局試合はシテ一人の型で十分効果を挙げた。エピローグ、ハムレットの救いの舞、キリの節付けは『江口』のキリ」（**山崎有一郎**　１９８５　二十世紀代表的能楽評論家、横浜能楽堂館長）

◇「ノット一語を入れることでハムレット劇のその個所は全く意味が逆転してしまう。この大冒険の創作に対し欧米公演での観客の反応は大拍手であったという。その話を宗片教授の教え子から聞いて、一瞬は驚いたものの、すぐにさもありなんとも思った。この一文字の意味するものは自然観、または死生観即ち世界像の根本的な変化を示唆している。キリスト教風な価値観の深化をみてとれる。時代意識のその深層で変わりつつあるとみてよい」（**天邪鬼**『宗教新聞』１９８７）

◇「あの長い瞑想シーン、あの信じ難い静寂、あれは私たちには思いもつかないことです。ハムレットの苦悩やディレンマの表現としてまったく適切でした。あのシーンだけ取り出してみても、感動的ですよ。この劇は創作であり、「能・ハムレット」だということです。英国で見られるどんなものとも全く違っているんです。極めて日本的なもので、そこが大変魅力的です。目の肥えた観客なら、きっと魅了されるでしょうね。私たちの上演の際にも、能の手法を生かして上演できるだろうと思います」（**ジョン・フレイザー　John Fraser**　１９８２　英国俳優、「ロンドン・シェイクスピア・グループ」代表）

◇「我が国のハムレット王子が日本の能でどのように演じられるか、（コペンハーゲン公演に）不安を抱いて参りましたが、ローレンス・オリヴィエの映画以来の感動でした。同伴した女性は「目が開かれた」（opened）とのことです」（**ジェスパー・ケラー　Jesper Keller**　１９９０　デンマーク日本協会）

◇「『英語能ハムレット』の中で唯一日本語で謡われた「思へば仮の宿」（江口）は、キリで謡われたハムレット王妃の「この世から永遠の世へ移るのです」に通じるもので、能と『ハムレット』との見事な融合であった。そして最後の数瞬間は、超絶的（トランセンデンタル）ともいうべき美しさで、「幽玄」を創造して見せたと言っていい」（**ドナルド・リッチー Donald Richie**『ジャパン・タイムズ』1985）

宗片邦義の『英語能ハムレット』

——「生死はもはや問題ではない」

神戸大学教授、シェイクスピア研究家　**芦津かおり**

（編註）これは、芦津かおり著『股倉からみる「ハムレット」』（京都大学学術出版会、二〇二〇）第7章で、『能ハムレット』の「創造と破壊」「実験的精神」につき、三〇ページにわたり論じられているものを、要約・一部抜粋したものです。一九一一年に主張された夏目漱石の想いが、宗片邦義により初めて実現されたことが指摘されています。

宗片の『能ハムレット』翻案は、二重の意味で漱石の教えに忠実である。悲劇『ハムレット』の最も重要な独白の主要部分“To be or not to be, that is the question”を「股倉から」さかさ読みして新たな解釈を生み出している点。また夏目漱石が劇評にて主張した、「沙翁劇は、能とか謡とかのような別格の音調によって初めて、興味を支持さるべきである」(『東京朝日新聞』)をも実践に移した点である。シェイクスピア劇を能に翻案する——一九一一年に漱石が出したこの提案は、実現までに長い年月を要したのみならず、演劇伝統の融合・混淆のはらむ可能性と困難を露わにするものでもあった。(中略)

宗片は「西洋と東洋、二つの文化が生んだ芸術の魂を融合し、そこから何か新たな芸術作品を創造」し、さらには、「能の中にある悟り、救いの精神をシェイクスピア詩劇の中にとけ込ませたいという願望」を抱きながら、数十年にわたってこの作業にとり組んできた。彼は黒沢や蜷川のような能の利用法が「能的な雰囲気」を作るための「部分的で技術的」なものに過ぎないことを指摘し、世阿弥が能の本質と考えた謡(うたい)と舞による全体的な統一がないことを批判する。

(中略)

宗片はオフィーリアの死を認識することが、ハムレットにとっては決定的な体験であると解釈し、それをドラマの「本質」として抽出した。宗片にとってドラマの「核」は、オフィーリアの死との対峙を契機とする主人公の悟りであった。だからこそ彼は、二幕物に切り詰める段階で、五幕物に登場させた二種の亡霊（父王とオフィーリア）のうち前者を捨て、後者のみを保持し、これを独演版に改訂するにあたっては、舞台上に小袖を置くという能のコンベンションを採り入れ、オフィーリアの霊がハムレットに働きかけて悟りへ導くことを象徴的に示した。（中略）

多くの出版物やインタビューなどで宗片は、（やや申し訳なさそうに）自らの「不遜」な書き換えについて何度も口にする。

「私は不遜を承知で、シェイクスピアの最も有名なセリフを否定したのである。ハムレットを能風に演じはじめて今年で八年、この研究は私に、何かを真に理解し、真に愛するためには、それを受け入れ理解した上で〝乗り越える〟必要のあることを教えてくれたらしい。」

崇拝するがゆえに「何かを乗り越える」必要があるという、この逆説的な表現のなかには、フィシュリン＆フォーティアが「キャノンに対する複雑で両義的な関係性」と呼ぶところのものが見てとれよう。

能　オセロー

『英語能 オセロー』シテ（オセロー）宗片邦義、醍醐荘能舞台、一九八六年。

「命の灯りは
消さば再び燃えはせぬ」

『能オセロー』は英語能として 1986 年に初演され（シテ 宗片）、その後、1992 年 10 月 6 日、日本最初の日本語シェイクスピア能として、宝生能楽堂で初演された。宗片邦義作、節付・演出・シテ（オセロー）津村禮次郎師（観世流）、ツレ（デズデモーナ）中所宜夫、間狂言野村武司（現萬斎）、他。朝日新聞社主催。企画 堀上謙。その後、津村禮次郎師により国内外で改訂再演されている。

能　オセロー

［あらすじ］　ヴェニスのムーア人黒人将軍オセローは部下のイアーゴーに騙(だま)されて愛する美人妻デズデモーナを絞め殺す。その後真実を知って激しく後悔、許しを乞いつつ自害する。（そこにデズデモーナの霊が現れる（能オセロー））

所、キプロス島
時、十五世紀
曲柄、複式夢幻能、二・四番目劇能（所要時間、一時間）

人物

シテ……………オセロー（ヴェニスのムーア人黒人将軍）
ツレ……………デズデモーナ（オセローの白人の妻。ヴェニスの元老院議員ブラバンショウの娘。オセローの武勇譚に魅了され彼と結婚）
間（アイ）……………エミリア（デズデモーナの召使。イアーゴーの妻）

地謡（三・四名）、囃子（笛、小鼓、大鼓、太鼓）

前場

［後見、小袖ヲ正先ニ出ス。続イテツレ、デズデモーナ出、ワキ座ニテ床几ニカカル。笛、アシライアリ］

次第・拍合・ツヨク
地謡「命の灯プロメテウス。命の灯プロメテウス。消さば再び燃えはせぬ

(Once put out thy light, where is that Promethean heat, / That can thy light relume?)

［シテ（オセロー）幕ノ前ニデル］

拍不合・ヨワク
シテ「その理由はわが胸に。その理由はわが胸に

引立テテ
地「理由は言へぬ。清らな星たちよ

(You chaste stars!)

シテ「だがあれの血は流すまい

地「あの雪よりも白い。雪花石膏にも似た。なめらかな肌に。傷つけることも

サシ・不合・ツヨク
シテ「生かしては置けぬ。男どもを欺き続けるやも知れぬ。ヨワク この灯を消してそれからあの灯も

(Put out the light and then put out the light.)

地　ツヨク「この燃える炎は。一度消しても悔いればまた点される。あの命の灯は消されれば。霊妙なる自然が造り上げた。あの美しき姿にその灯を。今一度点すことは出来えない

シテ　ヨワク「薔薇を手折れば。さらに命はツヨ失きものを
(I can't give it vital growth again.)

［オセロー、舞台ニ入リ］

一セイ・ヨワ・ノビヤカニ
地「枝に咲く間に薫りを嗅げば。ああ・馨しきこの吐息。これには正義の神も。剣を・折りかねぬ
(Ah, balmy breath)

カカル
シテ「いま一度いま一度。命終えてもこのままに。お前の息を止め。それからわしの愛を
(One more, one more; be thus when thou art dead.)

下歌・拍合・カエテ
地「これが最後の接吻か。これほど甘く恐ろしいものが。この世にあるだろうか
(And this the last : So sweet was ne'er so fatal.)
泣かずにはいられない。これは聖なる裁きの涙。愛すればこその鞭打ち。気ヲカエ・閑カニ　おや目覚めたな

上歌・確リ
ツレ（デズデ）「オセロー様　ツヨ　シテ「おおデズデモーナ・目覚めたか。今宵の祈りは済ませたか
(Have you prayed tonight?)

地　ウケテ「もしもそなたが罪を犯し。神の許しがまだならば。今すぐに祈るのだ。今すぐに

詞

シテ　カカル・ヨワク・拍不合　ツレ「ああ何故(なぜ)そのようなことを

「とに角祈るのだ、手短(てみじか)に　(Well, do pray, and be brief.)

地　「俺(おれ)はすぐに戻ってくる。心の準備がない者を殺(ころ)しはせぬわ。カカル　ツヨク・不合　心まで殺せるものではないわ　(I would not kill thy soul.)

ツレ　ヨワク「まさか我が君。殺(ころ)すですって　シテ「そうなのだ

ツレ　ハル「ああ神様・憐(あわ)れみを　(Heaven have mercy on me!)

シテ　「アーメン。わしからも　ツヨ　ツレ　ヨワク「ならばお願い殺さないで。怖(こわ)いはあなた　地「そんなに目をぎらつかせては。いけないことは何(なん)にも。何(なん)にも決してしていない

ツレ「怖(こわ)いはあなた。何故(なぜ)そんなに。下唇(したくちびる)を噛(か)まれるの

詞

シテ　「母(はは)にもらった大切な、魔法(まほう)のかかったハンカチ。それをお前に、やったのだ。それをお前は、キャシオ奴(め)に

カカル・ヨワ・不合

ツレ　「いえいえ絶対(ぜったい)に。聞いてくださいあの人に

シテ　ツヨク「ないと言ふのか。大嘘(おおうそ)つきめ

地　「俺の心を石にして。正義の為の犠牲を。人殺しにしてしまう

ロンギ風・拍合・ツヨ
シテ　「俺は見たのだハンカチを。あいつが持っているのを　(I saw my handkerchief in his hand.)

ヨワ
ツレ　「拾ったのよ落ちてるのを。私が上げたものではない。あの人を呼んで真実を。聞いて　(Let him confess—a truth, a truth, a truth.)

カエテ・確リ　崩シズメ
「殺さないで今夜だけ。お願い　(Let me live tonight!)

［ツレ立チ、大小前ニ行ク。シテニ向キ静カニ合掌］

ツヨ・拍合・確リ・抑エテ
地　「オセロは心が石になり。妻の最後の叫び声。殺さないでと言ふ声に耳を貸す余裕がなかった。

［シテ、ツレの後方ニ立ツ］俺にはまだ憐みの。心があるぞーいつまでもお前を苦しめてはおけぬ。ここまで来たらもうこの手。戻しはできぬ・手後れだ　(Being done, there is no pause; it is too late.)

次第ニハコブ　シメ

カエ・閑カニ・ヨワ
「オセロは妻を両の手で。絞め殺してしまった。

［シテ、小袖ヲツレト見ナシ近ヅキ、型ヲ為ス］

［ツレ静カニ橋掛リニ行キ、幕ニ入ル］

もう動かないデズデモーナ。もう動かないデズデモーナ

［シテ小袖ヲタタミ両手ニカカエ、橋掛リニ行ク。

幕内ヨリ間（アイ、**エミリア**）ノ声］

［中入］

間（アイ）「もうし、もうし、旦那様、旦那様、キャシオ様が若いヴェニス人を殺しました。もうし、もうし、［ト出ル］

あれは何の声。奥様のお声では。「無実の罪で死ぬ」ですって？

［シテト入レ違イナガラ、シテノ抱ク小袖ヲシゲシゲト見ヤリ］

旦那様、奥様はどうなさったのですか

シテ「殺したのだ　**間**「え？

シテ「俺が殺した　［幕ニ入ル］

間「それは一体どうしたことです？

［間モスグ後カラ入ル。幕下ス］

［改メテ幕上ゲ、間、出ル。舞台ニ入リ語ル］

間

「旦那様が奥様を殺された。ひどいお方だ。奥様は神様のようなお方だった。キャシオ様と浮気ですって？　うちの主人がそう言ったなんて。家の主人が「誠実」？　イアーゴーが？　イアーゴーが「正直者」ですって？　イアーゴーの悪巧みが旦那様の一途な愛情をおもちゃにしたのでは。うちの主人が！　ああ、思い当たることがある。あ、ひどい！　何てひどい事を！

「奥様がキャシオ様に、ハンカチをあげた？　旦那様のお父様がその昔、お母様にお上げになった、あの形見のハンカチを！　愛の誓いの品。あれには魔法がかかっていて、失くしたら愛を失うと言っていた、それをキャシオ様に上げたですって？　とんでもない事。

「あのハンカチはたまたま落ちていたものを、私がひろってうちの主人にやったのです。イアーゴーは前からあれを、盗んでこい、盗んでこい、と言っていたのです。

「そうあれは確かオセロー様が、頭が痛い、頭が痛い、とおっしゃった時、奥様があのハンカチで、頭を縛ってさしあげようとなさった。ところが旦那様が、その手を振り払われたので、落ちてしまった。それを、私がひろって、……うちの主人にあげたのです。それでうちの主人が、キャシオのお部屋に、落しておいた。……奥様がキャシオ様にあげたのではない。

「ああ、こんな事になるんなら、早くお知らせすればよかった。まさかこんな事になるなんて。

「旦那様、奥様は清らかだったのです。旦那様を心から愛していらしたのです。ああ、むごい、何てむごい！　早く本当の事を皆に知らせねば。イアーゴー！　何て卑怯（ひきょう）な！　大うそつき奴！　大悪党奴！

［急ニワガ身ノコトニナリ］

「ああ、私もう生きてゆけない。悲しくて死んでしまいそう。

［シバラク考エテカラ、ツブヤク］　私はすべて知っていたのに……

「奥様のあの柳（やなぎ）の歌は、この前兆だったのかしら。

［シンミリ］　奥様、奥様、聞こえますか。私が悪かったのです。私、みんな知っていたのです。実は、みんな知っていたのです。私が悪かったのです。私も白鳥のように歌いながら死にます。奥様の柳の歌をうたいながら……

あわれ乙女は　うずくまり
両手を胸に　頭(かしら)を膝(ひざ)に　柳、柳と　うたいます

清い小川の　せせらぎも
乙女の嘆きに　むせび泣き　柳、柳と　うたいます

涙の塩の　したたりが
固い石をも　とかすまで　柳、柳と　うたいます

とがめなさるな　あの人を
罪はわたしに　あるものを　柳、柳と　うたいます
罪はわたしに　あるものを　柳、柳と　うたいます
罪はわたしに　あるものを　柳、柳と　うたいます

［幕ニ入ル］

(Let nobody blame him, his scorn I approve, / Sing willow, willow, willow.)

後場

［「一声」ノ囃子ニテ、シテ、一ノ松ニ出ル］

シテ（一セイ・ツヨ・確カニ）「願はくば。この不祥事を語る時。私の事をありのままに

地（スラリ）「賢くはなかったが深く愛した男だったと

(Speak of me as I am, / That loved not wisely but too well,)

（ヨワク）人を疑へぬ男。けれどさる者に謀られて。心乱れに乱れた。

(Being wrought, / Perplexed in the extreme.)

泣くことを知らぬ男が。（ツヨ）この度ばかりは。（次第ニハコビ）アラビアゴムの。樹液のように。とめども

知らず。（シズメ）涙涙。男の涙。流したと

［シテ、舞台脇正へ］

シテ（拍不合・ヨワ）「おおデズデモーナ哀れ哀れ

地「わしの最期の審判には。お前がわしの魂を。天上から放り投げ。地獄の悪鬼共がそれ

を活攫(かっさら)ってゆくだろう。〔別ニ〕ああデズデモーナもういない

シテ 〔カエテ・拍合〕「許し給へ・わが妻よ　(Forgive me!)

［囃子、ツレ登場ノ「出端」、スラリ］

［ツレ（デズデモーナノ霊）現レル。二ノ松ニテシテニ向イ］

ツレ 〔一セイ・ヨワ・拍不合〕「ああ懐(なつ)かしきオセロー様。お会(あ)ひいたしたく。お迎(むか)へに

地 〔ノル・ツヨク〕「おお、この不思議(ふしぎ)この悦(よろこ)び。この悦びよ　(O my soul's joy!)

シテ 〔拍不合・ツヨ〕「君に再(ふたた)び会へるとは　**地**「嵐(あらし)が常(つね)にこのような。凪(なぎ)を伴(ともな)ふものならば。風よ。吹け吹け。
死者が目を覚ますほどに

シテ・ツレ「相舞(あいまい)」

シテ 〔ノル・ツヨ〕「大波(おおなみ)よ　**地** 〔ウケテ〕「大波よ。小舟(こぶね)を翻弄(ほんろう)せよ　**シテ**「海底(うなぞこ)まで

地「今もし往(い)ぬれば　**シテ**「至上(しじょう)の幸福(さいわい)　(If it were now to die, / 'Twere now to be most happy.)

地「往ぬるが仕合はせ。心満ち足り――この悦(よろこ)びは。無上無類(むじょうむるい)。この先(さき)再び。訪(おとず)れぬ・〔心〕も
のかも

ツレ 〔拍合・ヨワク・閑カニ〕「神よそのような　**地**「そのような事のなく。愛も悦びも

シテ　月日と共にいや増さりに。増さりませ

(Our loves and comforts should increase!)

「余りに悦びが。大きすぎて言葉なく

(I cannot speak enough of this content; / It stops me here; it is too much of joy;)

［シテハツレヲ抱カントスレド、ソノ度ニ逃レテシマウ］

［囃子止ム。ツレ幕ニ入ル］

キリ
拍合・ヨワ・閑カニ
地　「やがて夜も明け見れば。彼の女の姿はすでに失く。夢は破れて。空しき中に。祈りの声のみ残りにけり・祈りの声のみ残りにけり

註。この『能・オセロー』は、一九九二年十月六日、日本最初の日本語シェイクスピア能として水道橋の宝生能楽堂で上演された時のものである。宗片邦義作に津村禮次郎（観世流）節付・演出・シテ（オセロー）で、他出演は、ツレ（デズデモーナ）中所宜夫、アイ（エミリア）野村武司（現萬斎）、笛 一噌幸弘、小鼓 宮増新一郎、大鼓 大倉正之助、太鼓 吉谷潔、後見 足立禮子・奥川恒治、地頭

藤村健、地謡 中森貫太・遠藤喜久・鈴木啓吾他で、その後津村氏により国内外で改訂再演されている。

「この作品に対して全く戸惑いがなかったわけではないが、時間をかけてできるだけ仲良くしてきた。私の脳裏には、あのイタリアオペラのマリオ・デル・モナコの声と姿が登場してくる。能も一種の音楽劇である。源氏物語や平家物語から、幽玄にして詩情あふれる能が誕生したように、シェイクスピアの作品群からオペラにも劣らない新しい能が創り出されることを期待したい」（**津村禮次郎**　1992）

なお、この『能オセロー』の台本は、『英語能オセロー』（宗片邦義作・演出・シテ、初演一九八六年磐田市醍醐荘能舞台、八七年国立能楽堂研修舞台、八八年アメリカ十か所など）の言わば日本語版で、詞章は殆ど同じで、それに津村氏の節付・演出が加えられ、また中入り後の間狂言（エミリア）の詞章（宗片）は完全に新しい。

批評。

◇「台本を見た限りでは些か不安だったが、実際の舞台を見て実に意外な共感を得た。節付けされた現代文や口語体が一向に気にならないばかりか、判り易く、能の現行曲を見つけない人々にも歓迎されるのではないかと思えるほどだった」（**山崎有一郎**　1992　二十世紀代表的能楽評論家、横浜能楽堂館長）

◇「シェイクスピアも能も古いものでありながら現代劇よりも普遍的で、はるかに昇華されたものであることを感じました」。「能を崩さないで、エッセンスを重視したのがよい」。「深く感銘を受けました。オセローの重要な最後のシーンと、特に後悔するその感情の起伏だけを取り上げた事が、能の特性を生かし、成功をおさめられたものと思いました。又、エミリアに現代語で説明させた事で、全体像、いきさつが分かり易くなり、それでいて、シテは伝統的な能の表現をしている為、能の雰囲気が崩れることはありませんでした。むしろ日本の古来の能も、このようにしたらもっと受け入れられるのではないか、と思われるほどでした」。「抑制の美は西洋劇のそれより上回るかもしれません。少なくとも日本人にとっては」。「いかなる劇団もこれほど迫真のオセロを演じることは出来まい。私を最も感動せしめたオセロであった」。「お能が初めて分かったように思った」。「デズデモーナの再生の場面における西洋特有のメロドラマのシーンを、能の幽玄をもって現出させた生と死の間における、まさに「秘すれば花」の場面は、西洋と東洋の出会いというよりも、新たなる舞台芸術の形態を予想させるものだった」

——以上、上田邦義『能オセロー創作研究』勉誠社、1998より——

能　リア王

・「真心（まごころ）を言葉に移すは難（かた）きこと」コーディーリア

・「この世の正義は権力者や金持ちの道具に過ぎぬか」リア王

「神よ、見ておられますか」

本作は、女性最初の日本能学会会員のお一人、足立禮子師のために制作、2007 年、セルリアンタワー能楽堂で初演。シテ・コーディーリア 足立禮子、ツレ・リア王 遠藤喜久、間 遠藤博義、地頭 鈴木啓吾、演出 宗片邦義。好評に応え年一回の公演を繰り返し、2010 年、再々々演、四谷紀尾井小ホール。シェイクスピアが描いたなかでも一番美しくミステリアスな女性、コーディーリア姫を 82 歳のシテ方が好演。

能　リア王

［構想］「思いを言葉にはできない」と言って勘当された三女コーディーリアが、「父だけを愛す」と公言した長女・次女に虐待され荒野を彷徨（さまよ）う父リア王を救助に、ドーヴァーに到着する。再会の喜びも束の間、その娘に先立たれる父の後悔・絶望。

所、ブリテン（ドーヴァーの近く）
時、十一世紀（？）
曲柄、複式夢幻能風、三・四番目（所要時間、一時間十分）

人物

シテ……………コーディーリア（ブリテン王リアの三女。父に勘当されて後、フランス王に求婚され結婚）。面：気品ある若女。

ツレ……………リア王（齢八〇、長女と次女にすべてを譲り退位。その後、裏切られる）。金無地扇。

狩衣によれ狩衣を重ねる。杖。悪尉。

ツレ……コーディーリアの侍女

間(アイ)狂言……長女・次女連合軍の隊長

同……リア王お抱え道化

地謡・囃子（太鼓アリ）

作物（赤白青三色旗の暗示あり）

唐織（後場でリアが抱いて出る）

前場

［シテ（コーディーリア）、侍女を伴い登場。

一の松あたりで立ち止まり、祈りながら静かに謡いだす］

サシ

コーディーリア「げに恵み深き大地に潜(ひそ)み。いまだ知られぬすべての薬草よ。わが涙を受けて芽を出だし。悩める善き人を癒し給へ

(All blessed secrets, / All you unpublished virtues of the earth, / Spring with my tears!)

ああ父上。矢も楯(たて)もたまらず 詞「わが夫(つま)フランス王に、泣いてお頼み申し。只今この、

ドーヴァーに

侍女　「ただ親を思ふ子の、真情と。お年を召されし、父上に。当然の権利を取り戻して、差し上げたく

地謡（上歌）　「真心を。言葉に移すは難（かた）きこと。言葉に移すは難きこと

(Unhappy that I am, I cannot heave / My heart into my mouth.)

親を慮（おも）ふは子の務（つと）め。育て給ひし人なれば

(I love your majesty / According to my bond; no more nor less.)

口には言へぬこの思ひ。遥かに重く豊かなる

(I am sure my love's / More ponderous than my tongue.)

［シテ、地謡の間に舞台に入り、舞台正中に。ツレは太鼓前に座す。
シテ、枕扇し睡眠。やがて覚め］

コーデ　「只今夢中に現れたるは。荒海の如くに猛り狂ひ。大声に歌を謡っておいでに
（詞）「急ぎお探し申せ。ご乱心のためにお命（いのち）を。万一のことがあってはなりませぬ　［シテ作物に入る。侍女下がる］

［囃子一セイ。ツレ（リア王）登場。右手に杖。

［やがて舞台に入り謡う］

リア王（サシ）「汝ら天の神々よ。あの娘どもを唆し。父に背かせたるが汝らならば。この吾には神の義憤を起こさしめ。我を忍耐の鑑たらしめよ

(You heavens, give me patience, patience I need! / And I will be the pattern of all patience.)

［翔リ］

地「恩知らずの子を持つ親の苦しみは

地「蝮に噛まれる以上の辛さよ。親不孝者どもよ

(Filial ingratitude! How sharper than a serpent's tooth it is / To have a thankless child!)

地（上歌）「吹け嵐。貴様の頬を吹き破れ。貴様の頬を吹き破れ。吹け吹け怒り猛り狂へ。この胸には。さらに大きな。嵐が吹き荒れて。他には何も感じない。天よ。吾を狂はすな。吾に正気を保たせよ

(O, let me not be mad, not mad, sweet heaven; / Keep me in temper; I would not be mad!)

［リア王、正中に安座］

［シテ作物から出る。または作物の中で謡いだし、やがて出て

［リアに近づく］

コーデ「乱れし心を元に戻す。知恵が人間に無きものか

(What can man's wisdom / In the restoring his bereaved sense?)

地（カカル）「恵み深き神々よ。父の体内にて蹂躙（じゅうりん）破壊されたる大自然の。傷を癒し給へかし（ヨワ・中）

(O you kind Gods,/ Cure this great breach in his abused nature!)

乱れし調べの心の弦を。再び整へ給へかし

コーデ（ウックシク）「わが唇に。霊気（れいき）宿り。この接吻（くちづけ）が。父上の無惨なる傷を癒しませ

(Restoration hang / Thy medicine on my lips, and let this kiss / Repair those violent harms!)

（詞）「お眼を、覚まされた。ご気分はいかがですか、父上

リア「酷いことをする。墓から人を、連れ出すとは。そなたは天国に住む、霊魂やな。陽光（ひ）

が射しておる

コーデ「お手をかざして、祝福を

(Hold your hand in benediction o'er me.)

［リア両手付く］

いえお膝をおつきに、なられずに

(No, Sir, you must not kneel.)

リア「わしは生きておるか　**コーデ**「生きておいでです

リア　「もしやその声は　コーデ「あなたの娘の

リア　「誠の娘。コーディーリア　(I think this lady / To be my child Cordelia.)

〔向き合い、やがてリア

両手差し出し、膝ひきずり近づく〕

地（上歌）「子が親に。老いたる親が久々に。子に逢ふことの嬉しさよ。かつて誤り勘当せし。わが娘が。命の際に来たりたり。今はただ許し給へや。ただ許せ。恥もよそ目もあるものか。あら嬉しや。有難や

〔シテ、シオル〕

リア　「涙を流しておるのか。おお涙「もう泣かんでおくれ。堪忍してくだされ。今は忘れて許して下され。　(I pray, weep not. You must bear with me. / Pray you now, forget and forgive; I am old and foolish.)

（わしは老いぼれ。しかも・・・愚かな）

間（アイ）（長女・次女連合軍の隊長）〔走り込み、橋掛りより〕

「やるまいぞ、やるまいぞ、やるまいぞ、やるまいぞ。その二人を牢獄へ引き立てて行け。

いずれ処分いたす。それまで厳重に見張っていよ。［別ニ］「やれ馬車を引いたり、飼い葉を食ったりなど出来はせぬが。出世の為。人間は時と場合に応じて行動すべきもの。哀れみなど戦（いくさ）には無用。ただ命令の通りに事を運ぶだけのことじゃ。［気を変へ］「さあ、その二人を引き立ててゆけ！　やるまいぞ、やるまいぞ。やるまいぞ、やるまいぞ、やるまいぞ、やるまいぞ

［隊長入る］

コーデ「最善を願ひて最悪を招きたるは。私らが最初にてはあらず

(We are not the first / Who, with best meaning, have incurr'd the worst.)

地「姉たちに会はれますか。その言葉に御身を委（ゆだ）ねられた

地（二人）「父上だけを愛します」と　**地**「公言せし巧みな言葉の空しさよ　**リア**「会はぬ。会はぬ

地「さあ行（ヨワ）かう。二人だけの世界へ。そして篭の中の小鳥のやうに歌おうよ

(Come, let's away to prison; / We two alone will sing like birds in the cage.)

リア　「お前が祝福を求むれば。わしは跪き。お前に許しを乞おう

地　「また金ぴかチョウ共を嘲笑い。不憫な者たちがやって来て。宮中の噂話をすれば。さも神の密使の如く。この世の秘密を知り顔に聞き。また牢獄の壁の中。月の作用に権力が。派閥を争ひ衰滅するのを眺めやう。この世の正義は権力者や。金持ちが貧者弱者を抑圧する道具に過ぎぬか。人生辛抱が肝心。生まれる時も往く時も

(Men must endure / Their going hence, even as their coming hither.)

リア　「待たねばならぬ機の熟すを

(Ripeness is all.)

地　「長生きすれば人生の妙味が次第に分かってくる

(Live long enough, and you will know the delicate / Meaning of each occurrence.)

リア　「今が最悪と言へる中はまだ最悪にはあらずして

(The worst is not / So long as we can say “This is the worst.”)

地　「目の見えし時は躓きて　リア　「見えぬ今は。耳にて見えたるぞ

(I stumbled when I saw. A man may see / How this world goes without eyes. Look with your ears.)

地　「窮する者に奇跡あるべし。運命に見離されて。最低の境遇に身をおく者に希望あれ。善人も運勢傾くことがある。昨夜の嵐の中で。一人の男に出会った

リア　「人間虫けらか　イロ
(A man a worm.)

地　「悪ガキどもが戯れに。蝶やトンボを殺すやう。神々は。わしら人間同じくは。ただただおもちゃになさるのか。
(As flies to wanton boys are we to the gods; / They kill us for their sport.)

これは真実か真実か。真実なるも恐るるな。恐るるな人間よ　不引
(How should this be? / How should this be? Don't be discouraged, man.)

［シテ・ツレ向き合う。シテ、シオリ］

リア　詞「お前が生贄になるといふならコーディーリア。神々がみづから香を焚かうといふもの。

おゝ涙を拭いて。さあ行かう

［ツレ先に入る。シテ橋掛りの途中で一度立ち止まる］

［中入］

狂言間語

アイ（リア王お抱え道化）　［謡いながら出る］

「この世は二つ　見える世界と見えない世界
この世は二つ　言葉の世界と心の世界
この世は二つ　心の人と言葉の人よ

「それがしは。ブリテン王リア殿に仕え申す道化でござる。道化とは歌を歌い楽器を奏で。人の慰みとなるものなれども。また王侯貴族をも畏れることなく。真実を直言いたす者でござる。

さても哀れなるはわがブリテン王かな。齢八十にして王位を退くはよし。されどその三人の姫たちに、その領土・財産を分割するにあたり。御前会議にて愛情の程を述べさせるとはー。上の二人はすでに嫁ぎたれども。「父上のみを愛す」と言葉巧みに述べたれば。それぞれブリテン王国の領土の三分の一ずつをもらい申した。されど末娘は。姉たちの心をすでに読み取りたれば。ただ「無」(Nothing, my lord.) とのみ答えたり。言い直せと命ぜられければ。言い直すではなく。

「いずれわが身も嫁ぐことなれば。姉君たちの如く、父上のみを愛すとは公言できず」と。その真実の「心」を申しければ。リアはそれに逆上し。最愛の末娘を勘当してしまわれたのでござる。

されど古今東西。「巧言令色（こうげんれいしょく）」は「誠」少なきものにて。リアはすべて相続したる長女と次女に、たちまち裏切られてござる。余りの冷遇に激高すれども。すべては後の祭りでござった。ある激しい嵐の夜。リアは娘たちを呪い城外に飛び出だしてしまわれた。王の従者たちはすでに解雇されたれば。残るは変装して戻り来たれるケント伯爵と。道化のそれがしのみでござった。

一方勘当されたる末娘のコーディーリア姫には。あまたの求婚者あれども。財産相続無しと知れるや。皆求婚を取り下げ申した。然るにひとりフランス王は。姫の純真なるお「心」を見抜かれ。こうおっしゃったのでござる。

「コーディーリア殿。そなたは貧しくなられて最も富めるものとなられたり。（Fairest Cordelia, that art most rich being poor.）御身がすでに立派な財産。余はそなたとそなたのお心を、この両腕に確（しか）と抱きまするぞ」と。

誠に人間の作りたる「言葉」とは。かくも美しき救いの手立てとはなるものでござるよ。

かくてコーディーリア姫は。フランス王妃になられ申したのでござった。

然るにこのほど。父王が姉姫たちに粗末に扱われ申しておると伝え聞き。ドーヴァー海峡を渡りて救援にお出になられたとのこと。さりながらコーディーリア姫には。リア殿にお会いなされたというに。姉姫たちの軍隊に捕われたる由にて。誠に誠に不条理なるこの世にてはなきか。

さてさてそれがしは。リア殿にわが身の続く限りお仕え申す覚悟でござったが。昨夜の嵐の余りの激しさに。荒野をさ迷う中にお姿を見失ない申してしもうた。誠に申し訳なき次第でござる。いず方にお連れ申されたるか。急ぎお探し申そうと存ずる。

［謡う］

思えばこの世は三つの世界 (There are three worlds:

心と言葉と行動と The world of words, the world of behaviors,

三つとも大事のこの世かな And the world of mind and heart;

三つとも大事なこの世の世界
三つの世界が一つにならねば
リア王殿は救われぬ

The three are all important,
But, until they accord with one another
Lear will not be saved.)(K.M.)

［「三つの世界が」から繰り返しながら入る］

後場　［リア、唐織を抱き、よろめきながら登場］

リア　「人の生き死にが初めて分かった。もうこの世にはいない。コーディーリア。お前の声は

地（ウックシク）　「いつも静かに。柔らかく優しかった。それは女の美徳
(Her voice was ever soft, / Gentle, and low, an excelling thing in woman.)

ああもうこの世にはいない
(Now she's gone forever!)

［リア、正先へ出、唐織を置く］

ゴクシズカニ抑エテ（コノ世カラ解放シテクレ）

上歌　地「この首のボタンを外しておくれ。間ヲトリシズカニ 有難う。　(Pray you, undo this button: thank you, Sir.)

あれ。これをご覧。見よ見よ。コーディーリアの。唇（くちびる）動きて。何言ひたるやコーディーリア。何言ひたるや　コーディーリア

(Do you see this? Look on her, look, her lips, Look there, look there!) [Dies.]

［リア、はらりと扇を前に落とし息絶える。］

［やがて面を上げると、静かに太鼓入る。

リア、ワキ座へ］

囃子・出端

［後シテ（コーディーリアの霊）、橋掛りに現れる］

後シテ「あら有難の御有様（おんなりさま）やな。わが夫（つま）フランス王の真情により。父上の御霊（みたま）も鎮（しず）まりて。こなたに来たり給へや

地ノル「こなたへ来たり給へやと

(Look up, my lord. Come this way.)

［シテ早舞］

［やがて相舞。リア、立ち上がるとき、上の狩衣がすっと脱げる］

コーディーリア姫の御迎へに。コーディーリア姫の御迎へに。真実の国へ行き給へ真実の国へ行き給へ

(Cordelia has come to meet you Lear. Go thy way to the Land of Truth. Go thy way to the Land of Truth.)

［シテ舞台にて、ツレ入りて後、入る］

註。本作は、女性最初の日本能学会会員のお一人、足立禮子師のために制作、二〇〇七年、セルリアンタワー能楽堂で初演。**シテ・コーディーリア 足立禮子**、ツレ・リア王 遠藤喜久、間 遠藤博義、地頭 鈴木啓吾、演出 宗片邦義。好評に応え年一回の公演を繰り返し、二〇一〇年、再々演、四谷紀尾井小ホール。シェイクスピアが描いたなかでも一番美しくミステリアスな女性、コーディーリア姫を八十二歳のシテ方が好演。

「私の口づけで、お父様の狂気を治してあげるなんて恥ずかしくって、稽古でささっとやってたら、いいところだからゆっくりって言われちゃって」（**足立禮子**『東京新聞』2007）

批評。　＊一部抜粋、要約あり

◇「先生のお話と台本のコピーと、そして能そのものの素晴らしさで、心躍り、心安らぎ、本当に楽しい時を過ごさせていただきました。『能・リア王』の幕が開いたときの静かな美しさ。ゆるやかに流れるように蔦がからまった白い木々と花々。そしてさらに、舞台の両奥には枯れた風景もあり、幽玄の世界に一気に引き込まれました」（**芦田ルリ**　２００７　大学講師）

◇「舞台にしつらえられた荒野の草花に呼びかけた、コーディーリアの最初のセリフ『いまだ大地に潜み、人に知られぬ薬草たちよ。私の涙を受けて芽を出だし・・・』に、しびれるほど感動した。なんて素晴らしい神秘な女性なんだろうと。冒頭から魅了された」（**無名氏**）

◇「観終わって『シェイクスピアが創造した最も美しい女性』の意味がわかった」（**無名氏**）

◇「『能・リア王』の再々演。長年のご苦労と御創造の喜びが一つになって、先生でなければ出来なかった、日本いや世界初の異文化融合です。シェイクスピアと能の世界に、異文化でなく共通文化、ユニヴァーサルな主題を見出された先生の作能です。三演のご成功の様子が聴衆観衆の声から伝わってきます。川地先生やガリモア先生のようなシェイクスピアの専門家にご覧いただけたのはよかった。感銘を与えたと確信しております」（**荒井良雄**　２００９　学習院大学教授、駒澤大学名誉教授、シェ

イクスピア研究家、朗読家）

◇「再々々演のチラシをみたとき念願かなって最高でした。足立先生のコーディーリアはとても気品高く美しく、神秘的な世界へ引き込まれそうでした。悲劇なのに会場が明るく華やいだ雰囲気がよかった。狂言には元気をもらいました」（**岩瀬せい子**　２０１０　元幼稚園教師、国際融合文化学会会員）

◇「初めにユーモアあふれる分かりやすい解説で、とても和みました。私はアメリカにしばらく居りましたので、先生のジョークにもちゃんと付いていけました。「３Ｋ」という主題についても。しかし問題は次は何を観るかでした。能に詳しくない私は単純にリアの能面とかコーディーリアの装束とか、舞台のセットの木（松？）の白さとか、幼稚な事しか考えられず、その空間を流れる波のようなものを〝感じる〟という事しか出来ませんでした。芸術鑑賞の知識や力はまだ私には無いようです。もっと丁寧に一つ一つその場で登場人物の思いと共に発せられた「言葉」に耳を傾ければ良かった。作品を観ている間は心地よく、気持ちがとても落ち着きました。またの再演、また新作の発表等ありましたら、是非とも伺います。今回、能という芸術と触れ合えたことに感謝しております。ロビーに出ていたビョークのＣＤ、私は繰り返し聴いています。先生が謡曲を作られた。好きになったきっかけは映画「ダンサー・イン・ザ・ダーク」です。すごい人だなぁと素直に思います。表現も強くて、でもやわらかくて、自然の生き物の様な。自然そのもの、そんな感じを受けます」（**梅内はるか**　２０１０　コンテンポラリーダンサー、Ｎ．Ｙ．在住）

◇「この度の『能・リア王』は斬新かつ刺激的で、啓発されるところが多かった。謡がくり出す常ならぬ言葉のリズムと、かくも濃密な言葉のつらなりに私は参ってしまった。能とは何か。原作『リア王』のキー・ワードは「無」(nothing) である。しかし『リア王』は無の一点にとどまらず、無から有を生ぜしめる魔法の劇とも解されよう。能が究極の無を見つめ、さらに無の先方にひらける域へと踏み入るものならば、能の向かう所と『リア王』のドラマとが、どこかの地点で交わるはずである。『能・リア王』の着眼もそこにあったのではないか。末尾の山場に目を向けてみよう。「見よ見よ。コーディーリアの。唇動きて。何か言ひたるぞ。何言ひたるやコーディーリア。何言ひたるやコーディーリア」。上田 (宗片) 氏によるこの件のとらえ方と、"Look on her: look, her lips, Look there, look there!" というシェイクスピアの原典とは、確かにある一点で交わっている。愛娘の骸をまえにリアは為すすべもなく、断腸の悲しみを引きずっているのだが――ふと、娘の唇に異変を感知する。シェイクスピアのリアはその異変に驚き、そばの者に注意を促すかのように、「ほら、ほら」(Look there, look there!) と連呼しながら息絶えるのだ。リアは幻影を見たのかもしれない。幻影は「無」でありながら当人にとっては「有」であろう。有か無か、はた目にはいずれとも知れず、不分明のうちにリアの劇は終わる。一方、上田氏のリアはどうだろう。娘の唇の動きを見て、「何言ひたるやコーディーリア」と呼びかけているが、ここには幻ならぬ娘のまことを信じて疑わないリアがいる。それどころか、リアはすでに娘の住まう域へと一歩踏み込んでいるかのようだ。リアの確信は余人の介入を拒んで、ひとり揺るぎない。"Look there." とこの世の側に叫ぶのと、「コーディーリア」とあの世の側へ呼びかけるのには、これだけ大きなちがいがあって、その差は最後のまとめ方にいっそう顕著である。すなわちシェイクスピアのエドガーが（オールバニーとの版もあり）、「もっとも老いたる者こそ、もっともよく耐えた」(The oldest hath borne most.) とつぶやき、かたや能にあっては、来世のコーディーリアが臨終の幻にそのまま重なって再登場する。かくて、リアの悲しみと絶望をやさしく包むように後シテ、コーディーリアが舞う。リアも舞う。父と娘がついに寄り添うた喜びの瞬間と解釈してよいのだろう。しまいに、地謡方の霊気をおびた歌がゆっくりと流れる。「真実（まこと）の国へ行き給へ真実の国へ行き給へ」―私たちをとうとうここまで連れてくる、能とは何か」（**梅宮創造**　２０１０　作家、英文学者）

◇「この舞台の中で特に興味を持ったのは、最初に述べられている薬草による憎悪の浄化と、透き通るような結末である。この舞台の始まりのコーディーリアの大地と薬草に訴えかけるセリフには、『能・リア王』の精髄を見出すことができる。最初の台詞は、コーディーリアによる「げに恵み深き大地に潜み。いまだ知られぬすべての薬草よ。わが涙を受けて芽を出だし。悩める善き人を癒し給へ」である。この世の平安と父の安否を祈るように、大地に潜む植物に訴えかけているのが伝わってくる。薬草は自然の恵みであり、大地からの贈り物であるが、死者は大地に帰ることから、この台詞の中にすでに「死」が暗示されているかのようである。そしてまたコーディーリアは、何かを伝えにあの世から降りてきた人間であるかのようにも感じ取れる。『能・リア王』は『リア王』に見られるような醜い人間の憎悪がむき出しになっている場面はすべてカットされている。コーディーリアが願っている世界は、すでに浄化された世界であり、親子愛と人間的な徳にあふれたカタルシスの世界である。このことは見ている側にとって、非常にすっきりとした気持ちにさせられる。それは薬草の中に憎悪のすべてが閉じ込められ、薬草によりこの世の毒が既に解毒され、世の中が治療済みの状態から舞台が始まっている為だと言える。地上界を描いたものが『リア王』であり、『能・リア王』は人間の善悪を知り尽くした悟りの世界なのである。『リア王』は悲痛と共に幕を閉じるが、『能・リア王』はむしろ、晴れ晴れとした気持ちにさせられる。リアとコーディーリアによるこの世とあの世とを結ぶ舞いと、天国へ昇っていく二人の姿には心を打たせる力がある。『能・リア王』は、死者となったコーディーリアを見事に美しく復活させた。『能・リア王』は悲劇のまま、リアの救いを描いた作品である」（**遠藤花子**　２０１０　日本赤十字看護大学講師、シェイクスピア研究家）

◇「私には三回目の鑑賞なのだから、さすがに感動できるかどうか心許無かったし、能舞台ではなくステージでの演能ということで、果たしてどうなのかと期待も半ばであった。ところがどうであろう、シテのコーディーリアが左側から現れたその瞬間に、私の心は緊張と感動に満たされた。本来橋掛りになっている位置に、薬草の舞台装置が実に巧みにしつらえてあって、それを見ながら、あの、甘やかでとろけるようなコーディーリアの声が発せられたのである。また終わりの方で、リアが、「コーディーリア。お前の声はいつも静かに。柔らかく優しかった。それは女の美徳。ああもうこの世にはいない」と謡うが、「コーディーリア」の箇所ではひときわ高い音程で謡った。その途端、私は感動のあまり、こらえきれなくなって嗚咽（おえつ）に襲われた。しかしその後の、御霊（みたま）になった二人の早舞と相舞に至って、私の心はすっかり晴れ晴れし、喜しくなって、誠に後味の良いものとなった。もう一度、いや、今後、年に一度の恒例にして、足立禮子先生と遠藤喜久先生のお命の続かれる限り演じてもらえたなら、と本気で思っている」（**遠藤　光**　２００９　実践女子大名誉教授、Ｔ・Ｓ・エリオット研究家）

◇「作者は人間くさい部分をすべてカットして、愛と救済というテーマに焦点を絞った。自分の愛は舌よりも重いと考えた末娘のコーディーリアは、『申し上げることは何もございません』と答えて追放され、その後フランス王妃として軍を率いてイギリスに戻ってくるまで、舞台には姿を見せない。作者の作劇意図は、まさにここにあると言えよう。この神性を備えた象徴的存在をシテに据えることで、シェイクスピアと能を合体させることに成功している。観客は、能の持つ高い精神性と、幽玄という美意識を甘受しながら、シェイクスピアの世界に溶け込むことができたからである」（**川地美子**　２００９　杏林大学大学院教授、シェイクスピア研究家、文学博士）

◇「上田先生、いきいきと輝いておられました。先生のされてきたことの凄さが改めて認識できました。先生がアイスランドの歌手ビョークの映画に謡曲を制作された（依頼された）理由が、今回はじめてよくわかりました。彼女は欧米では、「平和のメッセンジャー」といわれているとか。アテネ・オリンピックの開会式で歌ったときは、まるで妖精のようでした。先生のシェイクスピアと能は、ぴったりとマッチしており、全く違和感がなくむしろ、現代人に親しみやすい能になっているように思えま

す」（**齋藤千絵**　２００９　コンテンポラリーダンサー）

◇「最後の場では、涙なしにはおられませんでした。涙ながらに心やすめられ、これこそまさに芸術のカタルシス。イギリスでは『リア王』があるのに演じられなかった時期があるという。余りにも残酷で、この魂の世界を演じられたのは、お能だからか。『悟りの芸術』『涙のカタルシス』永遠に忘れ得ぬ場となりました。そうだそうだ、できるものならそんな心境で旅立ちたいものだと思いました」（**佐藤健治**　２００８　英詩翻訳家）

◇「シテを演じた足立禮子は、現役最長老の女流能楽師。八十五歳とも思えない美しい舞姿で可憐なコーディーリアを演じきった。世阿弥の言う「真の花」がある美しい舞姿であった。また、リア王を演じた遠藤喜久の演技も重厚で、リア王の心情をよく表現していた。「心と言葉と行動」が三位一体となった時、はじめてリア王の魂が救済され、「真実の国」へ旅立つことができたのだと悟った。この演能は、私にとって、まさに人を「悟り」に導く妙薬ともいえる〈悟りの芸術〉であった。私自身の魂も救済されたような清々しい〈魂のカタルシスを感じた舞台〉であった」（**平　辰彦**　２０１０　博士（文学）「シェイクスピア劇における幽霊研究」）

◇「解説をいただいたお蔭で素人の私でも内容を楽しむことができました。鮮やかな舞、心に響く鼓の音色、感動的なクライマックス、まるで夢の中にいるようでした。１００年近くも前に、シェイクスピアの作品を演出するとしたら能が一番良いとの漱石の先見性、そしてそれを実現された先生の情熱とご努力に感服しました。本当に素晴しい機会を賜り、心より御礼申し上げます。（**浪川弘行**　２００９）

◇「この作品の眼目は、リア王の魂の浄化と至福を、二人の相舞という形式において舞台に実現させ、観客の心を癒す運びに作り替えたところにある。シテの足立禮子さんの『ＮＯと言わない生き方』を帰りの列車の中で読み始め、止まらなくなりました」（**西澤康夫**　２０１０　岐阜大学名誉教授）

◇「近年シェイクスピアの異文化パフォーマンスの研究をしている間に、能、狂言、歌舞伎などの世界へ誘われ、特に能が体現している世界観や美意識に強い共感を覚えております。これまでは、能（舞台）の影響を受けた作品を見てきましたが、今回は本物の『能・リア王』を見ることができて、非常に満足しております」（**浜名恵美**　２０１０　東京女子大学教授）

◇「リヤ王の悪むすめたちを資本主義に例えられたのには、思わずにやっとしてしまいました。マルクスも笑っていることでしょう。やはり、最後は、人の倫理に立ち戻るのですね。「人生の本舞台は常に将来にあり」とは、尾崎行雄の77歳にして肺炎をわずらったとき詠んだ句です。今まで身につけた経験知識はあくまでも明日の飛躍の肥やし、だと私は受けとっています。道化師にリヤ王のあらすじを語らしてしまう、など、面白い仕立てだと思いました。With great admiration, once again thank you, thank you です。

後に友人に送った感想文をお送りします。「先日、上田邦義氏にお誘いを受け『能・リア王』を見に行きました。なんと、上田氏の解説がこれまたすごいのです。三人の王女のうち強欲の深い姉二人を資本主義的、と評されたのには、つい、にやり、としてしまいました。コーディーリアを社会主義とは言われませんでしたが。上田邦義氏作、狂言間語の、『この世は二つ／見える世界と見えない世界『この世は二つ／言葉の世界と心の世界『この世は二つ／心の人と言葉の人よ『思えばこの世は三つの世界／心と言葉と行動と／三つとも大事のこの世かな『三つとも大事なこの世界／三つの世界が一つにならねば／リア王殿は救われぬ』。――これには心を打たれました」（**原不二子**　２００９同時通訳者、尾崎行雄ご令孫）

◇「今回の再々々演は紀尾井小ホールで、新作の4演は極めて珍しく、今回もヨーロッパ諸国の大使や関係者などが訪れ見所２５０席は満席だった。現役の女性能楽師では最長老といえる85歳の足立師はこれまで以上に甘くとろけるような声で謡った。『わが唇に霊気宿り、この接吻（くちづけ）が、父上の無残なる傷を癒しませ』という『古典能では考えられない詞章に最初は抵抗を感じた』という足立師だが、今回は、『特にこの部分は女性の美しい声を発揮することを試みた』とも。『古くから「神が宿る」といわれる松の木が描かれた新鮮な能舞台では、なかなかできなかった挑戦だが、このような新しいステージの場合は、能舞台とは違った雰囲気。だからこそ思い切りチャレンジできた』と」（**宮西ナオ子**　２０１０　女性と能楽研究家）

◇「加藤周一が、仮面劇とアニメーションとに関係があると言ってましたが、能は、日本のアニメーションのルーツにつながっているのではないか」（**渡部英雄**　２０１０　桜美林大学特任講師、アニメーター）

◇「五幕構成の悲劇を大胆にカットし、複式能に仕立てている。焦点はリア王（ツレ）と三女コーディーリア（シテ）の関係に絞られ、それを通して心と言葉と行動との和が具現化され、二人は救済へと導かれる。フィナーレでは死後の精神世界が豊かに湧き溢れる」（**ボイド真理 Mari Boyd**　２０１０　上智大学名誉教授、演劇研究家）

◇「舞台の演技（シテの足立禮子とツレの遠藤喜久のコーディーリアとリアはいかにも親子らしい組みあわせで、美技と写った）のみならず、何よりもシェイクスピアの原作のどこに作者がこの能作品のプロットの中核を定めているかに、興味が引かれた。最近、旧約聖書の「ヨブ記」と『リア王』の比較を考えたことのある私はとくにそうであった。シェイクスピアがこの「ヨブ記」に大きな影響を受けていたことは、明らかである。上田作では、本作品の焦点をシェイクスピアの『リア王』の最後の場に置いたのは、何よりも正しい、と私は見た。シェイクスピアは敬虔なキリスト教徒であったのだろうか。人間としてはそうではなかったとは言えないだろう。シェイクスピアの作品が、豊かに聖書からその生命を汲んでいることが正しいにしても、シェイクスピアの作品は全体としていかなる意味においてもキリスト教弁護論にはけっしてなっていないのである。このことは、上田作品の終わり方を見たときに観客がとくに注意しなければならないことであると、私は判断した」（**山形和美**　２００９　筑波大学名誉教授）

◇「ハズリットが言うように、シェイクスピアの『リア王』は、作者がその生涯に最も真剣に取り組んだベスト・プレイである。これが能への改作に適さないはずはない。能は洗練された悲劇的美意識を舞台上に生み出すのに最適だ。紀尾井小ホールで行われた上田邦義氏の翻案では、この洗練された感覚が得られた。

わたしは同劇が２００８年5月渋谷のセルリアン能楽堂で行われた際にも観能したが、今まで観た他のシェイクスピア劇の改作と比較して、上田氏の作品は能とシェイクスピア劇のそれぞれの伝統に忠実である。上田氏の作品が現代の舞台より能舞台により向いている理由は、「橋掛り」にある。それはこの世とあの世の橋渡しであり、リア王が「悟りへの道」に入るのを表現するのに「橋掛り」が力強く感じられるからだ。それにしても主役の二人リア王とコーディーリアの掛け合いの中で、シェイクスピアの原文がもっている詩の生命が躍動するのを観て、ファンタスティック（素晴らしい）と思った。

だがこの『能・リア王』のポイントは、作者が付け加えた「アイ狂言」の歌に示されていることは確かだ。――「思えばこの世は三つの世界。心と言葉と行動と。三つとも大事のこの世かな。三つとも大事なこの世の世界。三つの世界が一つにならねば。リア王殿は救われぬ」。この作品は、真の（深い意味の）異文化融合に成功している。それは作者のホリスティック（全人的）な人間観によるものと思う」（**ダニエル・ガリモア Daniel Gallimore**　２００９　関西学院大学教授、日本におけるシェイクスピア翻訳研究家）

■学会誌『融合文化研究 第10号』（２００７年発行）国際融合文化学会（ＩＳＨＣＣ）より

『能・リア王』を観る

駒澤大学名誉教授、シェイクスピア研究家、朗読家　**荒井良雄**

英語能『ハムレット』で船出した宗片（上田）邦義の「能・シェイクスピア」は、『能・オセロ』、『能・マクベス』など、シェイクスピア研究家である作者自身のシテによる初演と、日本語能『オセロ』、『ハムレット』などの能楽師による上演を経て、約四半世紀の後に、新作能『能・リア王』に辿り着いた。

平成19年（2007年）10月27日（土）午後12時半、東京渋谷のセルリアンタワー能楽堂で行われた観世流能楽師・足立禮子主宰による「華の座」公演は、宝生流能『三井寺』、金春流舞囃子『松虫』、観世流 仕舞『藤戸』、大蔵流狂言『佐渡狐』、最後に女流能楽師の最長老である足立禮子がシテのコーディーリアに扮した『能・リア王』が上演された。

台風20号の急速な接近で外の自然界は暴風雨、人工の粋を尽くして建設された摩天楼の地下にある能楽堂は静寂そのもの。この外なる自然界のビルの中の内なる人間界、外見と実相、真実と虚偽、心情と言葉、といった二元論の世界が、上田『能・リア王』に於いては、清純なコーディーリアの「心情」の世界、すなわち「コーディーリアの純粋で高貴な人間性と女性の神秘性をテーマにした台本」によって、シェイクスピア劇と日本の能が融合し、普遍的で純粋で簡潔な「禅」のドラマと言ってもいいような芸術に昇華していた。

八十二歳の足立禮子が、二十歳に満たない純情のコーディーリアを、シテとして演じたのが、この新作能の真髄であろう。美しい仮面や装束の外装に覆われた中身である最高齢女流能楽師の芸は、幽玄の境地に達していて、美徳の持ち主であり女性の鏡でもあって、「いつも静かに柔らかく優しかった」コーディーリアの至高の人格を、抑制の極限にまで剃り落とした声と所作の絶妙な表現力によって、能舞台から観客の心へ、それこそ「一期一会」の、勿体ないような瞬時の至芸として、染み渡るように伝えるのに成功していた。とりわけ無知と愚行、狂気と忍耐を通して、死の寸前にやっと「人の生き死にが初めて分かった」ツレの父王（遠藤喜久）を、勘当された末娘のコーディーリアが迎えに来るラスト・シーンは、シェイクスピアの『リア王』の真情と、上田『能・リア王』の真情が解け合っていて、日本人の心である禅の世界を、そこに見た観客は私だけではないと思う。

「夫フランス王の真情により父上の御霊も鎮まりて、こなたに来り給えやと、コーディーリア姫の御迎えに、真実の国へ行き給え」との地謡に合わせて、リア王と末娘が「早舞やがて相舞」となって、橋掛りを奥へと消えていく。そこにはもう言葉はなく、父と娘の美しい心の融合、東西文化の見事な融合があるのみ。

言葉を超えた能の美学は、台本の言葉を読んだだけでは見えてこない。この日の舞台を見た観客のみが共有できる世界で、それが舞台芸術の真髄であり、宿命でもある。客席には最長老の能楽評論家・山崎有一郎氏とシェイクスピア学者で東京学芸大学前学長の岡本靖正氏の姿があった。お二人は、それぞれの専門の立場から、『能・リア王』をどうご覧になったか。どこかへ書き残してほしい。

・・・・・・・・・・・・・・・・・・・・・・・・・・・・・・

『能・リア王』について

東京学芸大学名誉教授、シェイクスピア研究家　岡本靖正

上田邦義氏の新作『能・リア王』（足立禮子・鈴木啓吾 作補）は、これまでの氏の能シェイクスピアの中で、一曲の能として最もすぐれた作品になったのではないか、というのが第一の感想である。シェイクスピアの世界が、しっくりと能の様式になじんでいると感じられた。

成功の大きな理由は、『リア王』の終幕を複式能に構成し、シテをリアではなく、コーディーリアとしたことにあるように思われる。

リアがコーディーリアの亡骸（唐織）を抱いて登場し、コーディーリアを失った悲しみを謡うところから後場を始め、「コーディーリアの、唇動きて何か言いたるぞ、何言いたるや、コーディーリア…」と言いつつ（地謡）、リアも事切れる。コーディーリアの霊が現れ、「父上の御霊も鎮まりて、こなたへ来たり給えや」とリアを導き、シテの早舞はやがてリアとの相舞となって、連れ立って彼岸に向かう。霊となったシテ（足立禮子）の姿は美しく、相舞となるとき、リアのよれ狩衣が脱げ落ちて白狩衣姿に変わるのも印象的であった。原作にはもちろんないキリを大胆に取り込んだ、この後場の構想が出来上がったときに、『リア王』の能化が完成したのではないか。

前場は、原作の第四幕第三場および第六場（「オックスフォード・シェイクスピア」一冊本全集の幕場

割による）の台詞を詞章としているが、原テクストは解体されて、自在に綴り合わされ、リアが登場するところでは、第一幕や第三幕第二場の嵐の場の台詞が織り込まれる。地謡の使い方も一段と巧妙かつ自然になっている。大きな杖を手にしたリア（遠藤喜久）が、橋掛りで「汝ら天の神々よ、あの娘どもを唆し、父に背かせたるが汝らならば、この吾には神の義憤を起こさしめ、我を忍耐の鑑たらしめよ」と謡い出すとき、その丈高きリアの存在感は見事であった。原作を踏まえつつ、作者が創作した詞章も少なくない。このくだりも、「忍耐の鑑」（the pattern of all patience）は原テクストにあるが、全体は作者の創作と思われる。

おそらくまだ手を入れる余地もあるであろう。コーディーリアの侍女はどこか落ち着きが悪かったし、リアとコーディーリアを牢に引き立てるアイ（隊長）の登場にもいささか唐突感があった。そして中入となって、狂言間語を道化が語る。道化（Fool）はいかにもその役に適任と見えるが、実際には、その言葉は『リア王』の道化らしからぬもののように聞こえた。

しかし全体として見れば、『能・リア王』は、現代の新作能として、今後多くの演者によって演じられる古典的な演目の一つとなりうる作品ではないか。ぜひそうなってほしいと願っている。

能　マクベース

・「人間世界は言葉の世界。言葉の世界はインチキ世界」魔女

・「見えるところは偽りよ。見えないところが真実よ」魔女

・「女は男の出世を助けるのが愛情、と間違えた」魔女

「殺しの後に眠りが来るかよ」魔女

・「人生最高の饗宴、眠りが殺されてしまった」

・「この病は医者の手には負えぬ代物」

・「人間に過去を取り消す術はなし」

・「自然に背く行為は、自然に背く禍招くもの」

能　マクベース

［構想］　スコットランドの将軍マクベースは、魔女の「言葉」に野心を掻き立てられ、けし掛ける夫人と共に、自分の居城（きょじょう）の客人となったダンカン王をその夜刺殺（しさつ）し、国王となる。だが、その後の二人の人生は・・・。

所、スコットランド
時、十一世紀
曲柄、現在能、二・四番目劇能（所要時間、一時間十分）

人物

前場　シテ……マクベース夫人（スコットランド王妃）
　　　ワキ……侍医（じい）（宮廷侍医）
　　　ワキヅレ…侍女（じじょ）（マクベース夫人侍女）
後場　シテ……マクベース（スコットランド国王）

ワキ……マクダフ（貴族）
間（アイ）狂言……三人の魔女。使者
地謡（三・四名）、囃子（笛、小鼓、大鼓、太鼓）

前場

［無囃子デ、ワキ（侍医）、ワキヅレ（侍女）登場］

詞
ワキ サラリ「スコットランド宮廷内の、侍医（じい）でございます。また、こちらは。王妃マクベース夫人にお仕えする、侍女でございます。

カエテ「さてもわれはそなたと共にこの二夜（ふたよ）、寝ずの番を致したるが。そなたの話の如きは、何一つ起こらず。奥方が最後にお歩きなされたるは、何時のことぞ

ツレ サラリ「それは陛下のご出陣のあと、しばしばのこと。奥方は真夜中にお床より起き上がり、夜着（よぎ）をはおられ。戸棚の鍵を開けられて、紙をお出しになり。それを二つに折ってなにやら、お書きになり。さらにそれをお読みになって封をされ、またお床にお戻りに。その間中（あいだじゅう）ずっと、お眠りなされて

ワキ　「（サラリ）それは心身の、ご錯乱（さくらん）。眠りの恵みを受けながらなお、お目覚めの時のお仕事をなさるとは。さてそなたはそのような時に何かお言葉を、お聞きではないのか

ツレ　「（確カニ）そのお言葉のままを申し上げますことは、憚（はばか）りながらなりませぬ　ワキ　「いいやこの身には、差し支え無きことよ。いやそれは、（キッパリ）話すべきことなるぞ　ツレ　「（確カニ）こればかりはどなた様にも、申し上げられませぬ。証人も、おりませず

［両者、ワキ座ニ控エル。囃子、アシライ。ヤガテ
シテ（マクベース夫人）灯リヲ手ニ登場］

ワキ　「（カエテ）ご覧くだされ彼方（かなた）に、奥方が。いつもあのようにして確かに、お眠りなされながら。こちらに隠れてよくよく、御覧くだされ

ワキ　「（閑カニ）あの灯りはどのようにしてお手に、持たれたるぞ

ツレ　「（ウケテ）それは、お側にございます故。いつもの、お言いつけなれば

ワキ　「お目を、開けておられるが　ツレ　「何も、お見えにはならず

［シテ、二ノ松デ、右ウケ］

ワキ「あれはまた、何をなされるや。両の手を、もんでおられるか

ツレ「いつもあのように、お手を洗われるような仕草をなさり。時には十四五分もあのようにして

［シテ、一ノ松］

一セイ・拍不合・ヨワ
シテ（マ夫人）「消えよ消えよ。忌まわしきこの汚み。元のきれいな手に。戻らぬものか

(Out, damned spot! out, I say!—What, will these hands ne'er be clean?)

引立テ
地謡「アラビア中の香料を。すべて振りかけても。もうその小さな手に。甘い香りは。添えられぬ

［左手出シ灯リヲカザス］

(All the perfumes of Arabia will not sweeten this little hand. Oh, oh, oh!)

上歌・合・ヨワ
地「眠られぬ。眠られぬ。眠りが殺されてしまった。無心の眠り。

(Sleep no more! / Macbeth does murder sleep, the innocent sleep.)

心労のもつれた絹糸を。編み直してくれるあの眠り。一日の命の終わり。つらい労働のあとの沐浴。傷ついた心の妙薬。大自然の二度目の営み。人生の饗宴の最高の御馳走

(Great nature's second course, / Chief nourisher in life's feast.)

［シテ（マクベース夫人）、舞台正中。灯明デ前ヲサシ、左カラ右ヲサシ］

詞
シテ　（ヤヤ強ク）「眠りを殺せりと、言ふは誰そ。ささ、水を持ちてたもれ。早うその手より罪のしるしを、洗ひ落とし給へや

サシ　（ヨワ・不合）「ほんの少しの水さえあれば。何もかもきれいに洗ひ落とせるものよ。いと容易きことよ　（左手ヲヒシャクデ洗イ流ス型）

(A little water clears us of this deed: / How easy is it, then!)

上歌・合・ツヨ
地　「海神が支配する。この大海原の水をことごとく傾ければ。（確カニ）その手から血を洗ひ落せるだろうか。いいや。（次第ニススム）その手がむしろ。波揺り返す大海原を。真紅に染めて。緑の海原を鮮赤一色に変へるだろう

詞
シテ　（気ヲカケ）「や。一つ、二つ。（胸ザシ大キク前へ出、開キ、拍子）いよいよ、やるべき時刻。地獄は、暗い。（強ク）何をあなた、怖いのですか。軍人といふに、情けなや

（カカル・ヨワ・不合）「晴れやかな顔をお見せなされ。（キリリト回リ、半身）世間を欺くには。世間と同じ顔をして見せることよ

(Only look up clear. To beguile the time, / Look like the time.)

あとはすべて私に・お任せを（イロ）

(Leave all the rest to me.)

［翔リ］（左へ一度回リ、面切リワキ座ヲグット見、ワキ座へススミ、サシ殺シテ扇上ゲ、回ッテシテ柱へ）

シテ　ヨワ・引立テ「あの老人に。あれほど血があろうとは　［正中辺リニ下居］

ワキ　詞（侍医）ヒソカニ「聞いてはならぬことを、聞いてしまった

ツレ（侍女）確カニ「言ふてはならぬことを、言ふてしまはれた　カカル・ヨワ・不合「いかに美しく見えようとも。この胸に。あのような心を持ちたくはなきものよ　ワキ　詞　サラリ「さてさて、この病は。医者の手には、負へぬ代物。自ら、心すべきものよ

（This disease is beyond my practice.
Therein the patient / Must minister to himself.）

サシ　地　ヨワ・不合「済みたるは元には戻せず。人間に過去を取り消す術はなし

ワキ　詞　スラリ「さあ、お手をお貸し下され。寝みましょう。さあさあ、お寝み下され

（What's done cannot be undone.—To bed, to bed, to bed!）

［立上リ、シテヲ後ロカラ抱エルヨウニシテ立上ラセ、橋掛リマデ送ル］

下歌・合・ヨワ・サラリ
地「人の心の隅までも。面で見分ける術はなし

ワキ　閑カニ「自然に背く行為は。自然に背く禍招くもの

地「病める心は耳持たぬ。枕に秘密を打ち明ける。必要なるは医者にてはなく。神に導く

お方　(Unnatural deeds / Do breed unnatural troubles. / More needs she the divine than the physician.)

ワキ　「神よ。我らすべての行為（おこない）を。すべての罪を許し給へ。赦（ゆる）し給へ
(God, God forgive us all!)　［中入］

間狂言　［三人ノ魔女登場］

一同　「ああ。恐（おそ）ろしや。恐ろしや。ああ。恐ろしや。恐ろしや。

ああ、面白や、面白や。ああ、面白や、面白や。

わしらは運命三姉妹（うんめいさんしまい）。人の運気（うんき）は思ひのまま。姿（すがた）を変へて飛んで行く。

さあ始めるぞ、始めるぞ。ぐるぐる回れ、ぐるぐるぐる・・・・

間一　カエテ「ところで。　**間二**「ところで?　**間三**「ところで?

間一　「みんな、お見通しのとおり、運んだ。

間二　「マクベースは王になった。そしてナカマのバンクォーを殺した。ところがバンクォーの息子たちには逃げられた。マクベースは眠れなくなった。

間三「マクベースはダンカン王を殺す前に、良心が目覚めた。だが奥方に唆されて二人でやった。夫婦の心はここで割れた。女は男の出世を助けるのが愛情、と間違えた。悪い事でも助ける。

間一「実は、自分の野心だった。

間二「マクベース夫人は、あれから眠りっぱなしで目が覚めなくなった。

間三「起きてる間は隠せる。眠った後は、隠しきれない。

間一「見えるところは、偽りよ。見えないところが、真実よ。

一同「ああ恐ろしや恐ろしや。ああ面白や面白や。きれいは、きたない。きたないは、きれい。Fair is foul, and foul is fair. 人間世界は言葉の世界。言葉の世界はインチキ世界。とっちめてやれ、ぎゅうぎゅうぎゅうぎゅう。

間一「さて。　間二「さて？　間三「さて？

間一「マクベース、それでどうした？　間二「マクベース、やって来た。言ってやったよ。真実の「言葉」を。　間一「何と言った？

間二　「人間の力なんか、一笑(いっしょう)に付(ふ)してしまえ。女が産み落した人間で、お前に勝てる者はないと。　間一　「そりゃ真実の「言葉」じゃ。

間三　「マクベース、やって来た。言ってやったよ、真実の「言葉」を。

間一　「何と言った？　間三　「バーナムの森が動いて、ダンスィネーンにやってくるまでは、マクベースは決して征服されないと。　間二　「そりゃ真実の「言葉」じゃ。

間一　「わしも一つ言ってやった。マクダフに気を付けろ。お前はマクダフの妻子を皆殺しにした。それもただでは済まぬぞよ！

一同　「そりゃ「本当」の「真実」だ。そりゃ「本当」の「真実」だ。

間一　「聞いたか聞いたか、人間どもよ。

間二　「殺(ころ)しの後(あと)に、眠(ねむ)りが来るかよ。

間三　「戦(いくさ)の後(あと)に救ひがあるかよ。

一同　「そりゃ「本当」の「真実」だ。「殺しの後に、眠りが来るかよ。戦(いくさ)の後に救ひがあるかよ」。
ぐるぐる回れ、ぐるぐるぐるぐる。
お前にゃ三度、わしゃ三度。も一つ三度でサザンが九。シッー。

これで魔法（まほう）は出来上がり。さあ、さあ、さあ、雲霧（くもきり）わけて、飛んで行け

「殺しの後に眠りがくるかよ。戦のあとに救ひがあるかよ・・

［入ル］

後場［早笛。後シテ（マクベース）登場。サット名乗座マデ出テ止マリ］

シテ（マクベース）詞 確リ「この上、報告には及ばぬ。逃げる者には、逃げさせろ。われはスコットランド国王、マクベースなり。人間の運命を熟知（じゅくち）せる魔性（ましょう）のものが、断言したのだ

地 ツヨ・不合「バーナムの森が動き出し。このダンスィネーンまで来ぬかぎり。マクベースが恐れるものは何もなし。女の産み落としたる人間に。お前が破れる筈はなし　シテ ツヨ・不合・タップリ「わが理性と感情よ

地 ウケテ「わが理性と感情よ。疑惑にうなだれ。恐怖に震えはせぬことぞ。何一万（いちまん）の軍勢（ぐんぜい）とよ。ガチョウと思へこの臆病者奴（おくびょうものめ）

シテ 詞 確リ「ええい。この一戦（いっせん）が運命の、分かれ目ぞ。安泰（あんたい）か、転落（てんらく）か

［間（使者）駆ケ込ミ登場］

間（使者）確カニ「畏（おそ）れながら陛下。ご報告申すべきなれど。あまりの不思議に、この目で見たままを言葉にては、言ひ表しませぬ

シテ「何。言葉で言へぬことがあるものか、言ってみよ

間「丘の上にて見張る間。突如としてバーナムの森が動き出し。近づくを見れば。小枝（こえだ）を手に手に押し寄せて来る敵の軍勢。正にバーナムの森が動き出したと見えたり

シテ「何。バーナムの森が、動き出したとな。［正先へ出、右膝ツク］

さては悪魔どもの、二枚舌。ええい、武器を取れ。出撃ぞ

地 カカル・不合・ツヨ「おおわしは太陽（ひ）の目（め）を仰ぐのが嫌（いや）になった。いっそこの宇宙（うちゅう）の秩序（ちつじょ）が崩（くず）れ去り。世界中が 詞「目茶目茶（めちゃめちゃ）になるがいい

シテ カカル・手強ク「鐘を鳴らせい。風よ吹けい。破滅よ来たれ・いーざー イロ

［後ワキ（マクダフ）登場］

［早鼓］

ワキ 詞・スラリ（マクダフ）「いざいざ、来たれマクベース。われはこの国スコットランドの貴族、マクダフと申すなり

シテ（ベツニ）「なに、マクダフとな。さてはあの、不思議なる魔女どもが。気をつけろ、と言った

（詞・サラリ）シテ「ややあその方、マクダフと申すか。このマクベースの命には、魔法がかかっており。女の産み落とした人間には、不死身の者よ

ワキ（スラリ）「さような魔法は、言葉にすぎぬ。再びその魔女どもに、聞き給へ。かの、マクダフは。女が、産み落したる人間にあらず。月足らずして母体より、引き出されたるものと答へようぞ

（カカル・不合・ツヨ・サラリ）シテ「忌々しき言葉かな。わしは貴様とは戦はぬ。もう血は見とうない　ワキ（手強ク）「ええい、卑怯者。返せ返せ

［翔リ］［シテ破レ、正中ニ安座。ワキ、ワキ座へ］

（不合・ヨワ・引立テ）ワカ　シテ「遥けくも。来つるものかな。武士の

地（ウケテ）「武士の。生涯の果てぞ哀れなる　シテ（関カニ）「死人と共にあらばや

（拍合・関カニ）地「ダンカン王は墓の中。静かに眠る。引きかへ我は。老齢に伴ふ尊敬愛情従順友情。一つとてなし。あるは聞きとれぬ恨みの囁き。口先の尊敬追従。跳ね除けられぬ惨めさ

シテ　（不合・ヨワシメヤカニ）「わが生涯は凋落の。枯れ葉となりて。風に散る

［間（アイ）使者登場］

間　「陛下。お后様がお亡くなりになられました。

シテ　（詞・カカッテ）「何、后が亡くなった

地　（シットリ）「それを聞くに相応しい時があったであろうに

シテ　（閑カニ）「明日。また明日。また明日が　［ユックリ、サシ込ミ開キ］

(To-morrow, and to-morrow, and to-morrow,)

地　（ウケテ）「一日一日忍び寄り。時の記録の最後の日まで

［ユックリ左へ回リ、大小前カラ両手アオギナガラ正先へ出、開キ］

［シテ、舞ウ］

シテ　（確リ）「消えろ消えろ。束の間の灯火　(Out, out, brief candle!)　［二ツハネ扇］

シテ　（ウケテ）「人生は動く影法師　(Life's but a walking shadow,)

哀れな役者　［正中ニテ六拍子］　(a poor player)

地　わが時とばかり舞台を闊歩し怒号するが。やがて二度と聞こえはせず

シテ　（引立テ確リ）「**人生は。狂人の戯言。何の意味もありはせぬ**

(It is a tale / Told by an idiot, full of sound and fury, / Signifying nothing.)

［後ロ向キ又ハ橋掛リノ方向キ、クズレ、安座］

キリ地（ヨワ・合・シットリ）「**何の意味もありはせぬ・か。これが最期か。これが最期かマクベースの命の果てぞ哀れなる。命の果てぞ。哀れなる。**［イロエ］（間）（カエテ閑カニ）**かかる魂や。何処方へ。かかる魂や何処方へ。**

導きの神やありがたき。（調子高クトリ）**慈悲の神こそ有難けれ**

(By the grace of Grace!)

註。本作は『英語能・マクベス』として「能シェイクスピア研究会」が上演したもの（初演、一九八七年、於磐田市醍醐荘能舞台、静岡県芸術祭日本経済新聞社賞受賞。八九年静岡ケーブルテレビ放映。シテ宗片）の日本語翻訳版である。

能　ペリクリーズ

「純愛政治家の苦難苦闘の物語り」

能　ペリクリーズ

［構想］　シェイクスピア晩年の一連の「ロマンス劇」（悲喜劇）の最初の作。純愛の人・政治家ペリクリーズの苦難苦闘の物語。

所、地中海各地
時、紀元前五世紀
曲柄、現在能、二・四番目（所要時間、一時間）

人物

シテ……ペリクリーズ（古代ギリシアの都市国家アテネの大政治家。民主政を徹底した。ここではタイアの領主）
ツレ……マリーナ（ペリクリーズの娘）
ワキ……ヘリケイナス（タイアの貴族）

地謡・囃子（笛、小鼓、大鼓、太鼓）

〔囃子ナシデ、シテ（ペリクリーズ）、ワキヲ伴イ登場〕

ワキ（詞）「（確カニ）こちらは、ギリシアの東のタイアの領主。ペリクリーズ殿に、ございます。（サラリメニ）私はタイアの貴族にて、ヘリケイナスと申します。

（確リ）さてわが殿には正義や真実を、こよなく尊ばれ。何よりも民を思ふ憐れみのお心、深ければ。領民に大層、敬愛されております。また一方殿は進取の気性、旺盛にて。しばしば、国外を旅され。この度は隣国の王女の、絶世の美女なるを聞き及ばれ。わがため民のため、求婚に参られたのでございます。

さて、しかるに。その王女の父王より、謎解きを求められ。解き得ざるには直ちに打ち首、晒し首にされんとのこと。ところがわが殿には秘かにこの謎を、解いてしまわれた。即ち。父王と娘王女との間には、破廉恥なる秘密あるを。看破してしまわれた

シテ（ツヨ・合）「似非礼儀もて罪悪を。塗り隠さんとや偽善者の。美しき花を餌食にて。毒を醸せるものなりし　**地謡**「美しき花を餌食にて。毒を醸せるものなりし

(’Tis time to fear when tyrants seem to kiss.)

ワキ 詞「されば殿には身の危険を、感じられ。急ぎ帰国せられたといふ次第。ところが、その後。追っ手来たるとの、噂あり。隣国は、強大国。もし攻め来たりたればわれら国を、守り得ず。殿には大いに、迷はれたり。されば我らは殿に一時外遊せられんことを、勧めたり

［シテ、後見座ニテ物着。戻リ、イロエ、舞台一巡］

地 ツヨ・合「流れ着きたるはペンタポリス

シテ 詞（ペリクリーズ）確リ「この国の王は名君。人のもつ美徳や、才能は。富や爵位に、勝るもの。人は大自然の秘法に、学ぶべしと

地 サラリ「さて明日は。美しき姫君の誕生日。ツヨ 世界中より王侯たちが。その手を求め来たりたり。われらがペリクリーズ。錆びつきたる鎧着て。馬上槍試合に出でたりけり

シテ「この望みに我生きん

［シテ、立廻リ］

地 ツヨ（一人）（ペンタポリス王）コメテ「人は外観にては計れぬものぞ。価値あるものは行為による。勝利は

地　君のものなり

地　「されば王女。ペリクリーズに近づきて。わが父国王が。あなたのために乾杯せりと

(The king my father, sir, hath drunk to you.)

シテ　「陛下に感謝す。われはお二人に。わが誠を尽くすなり

合・ヨワ
地　「とて。共に高貴の心にて結ばれたり。かくて幸せなりしが。やがてペリクリーズ。故国タイアに帰国せんと。しかるに帰国途中。船中にて妃。赤子出産。直後。母妃は亡くなりてしまはりたれば。海中に葬られ祀られたり

［シテ、型アリ］

ワキ　「不幸や悲しみは単独ならず。後を連れてくるものとや

(One sorrow never comes but brings an heir.)

地　「さて船はその後。タータスに漂着したれば。赤子を王と王妃に預け。帰国せるペリクリーズ。最愛の妻を失ひ。姫を手離せる悲しみは。癒されず。三月が程。物言はぬ。食べぬ人とはなりたるなり

［囃子アシライ］

［シテ、ペリクリーズ、物着。荒レ髪、粗布ニナル］

ワキ　詞「最愛の姫と奥方、亡くされて。再婚のすすめも、斥けられ。十数年、経ちたれど。その真情は、変らずに。　カエテ　さて、ここに。うら若き女の、天使の如く気高く美しきあり、とのうわさ。心身の、病を癒す。不思議の力の持主、とのことなれば。殿に会はせてみんと、計らひたり

［静カニ美シイ囃子入リ、ツレ（マリーナ）、橋掛リニ現レル］

ツレ　ヨワ・引立テ・美シク「嵐の中に生まれし私。母を失ひ。この世は止むことなき嵐。

(Born in a tempest, when my mother died, / This world to me is like a lasting storm.)

されど私は。緑の芝生に。花を咲かせ続けましょう

地　タップリ「もろもろの嵐に耐へて生き抜きし。美徳に天の導きあれかし　［囃子、天上ノ音楽］

地　一セイ・ヨワ・タップリ「夢に見しわが子現る。この世ならぬ。まぶしきばかりの美しさ。その歌声
(O heavens bless my girl! But hark, what music's this?)

シテ（ペリクル）気ヲコメ「そなたは海より生まれし者よ。マリーナ。そなたに命を与へし者が、そなたに命を与へらる　地「有難き夢の御告げは　シテ「神々のほかには誰に感謝すべきや

地　「正に天女のその姿かたち　**シテ**　「いまこの身が融けてしまふも

［シテ「物着」アリテ、ツレト一体ノ「相舞」］

キリ
地（ノル・ヨワ）「亡くなりし。后も渚に救はれて。后も渚に救はれて。生きてありしと。生きてありしと。過去の悲劇は神々の。過去の悲劇は神々の。恩寵と思へば。すべては。試練なりしや。大いなる。この大いなる奇蹟よ。神々よ

註。「ロマンス劇」と呼ばれる「ロマンス」とは、恋愛のことではなく、神示とか死からの再生とかのことである。『ペリクリーズ』は一六〇八年初演以来の人気作であったが、一六二三年の最初の全集『第一フォリオ』に入っていない。文体やテキストの乱れから、他人の手が入ったものと考えられたらしい。なお、以後続いて書かれた作者晩年の『冬の夜語り』『シンベリン』『テンペスト』は、いずれも「ロマンス劇」である。

能　冬の夜語り

――わが犯したる大罪の。赦しをいづこに求むべき――

「シェイクスピア最高の悲喜劇とも」

能　冬の夜語り

［構想］『テンペスト』に劣らぬ最高傑作との評価もある長編「ロマンス劇」。能は一般に単独主題であるが、本作からは、友情と猜疑心（さいぎしん）、人間と神々、罪過（ざいか）と悔悟、自然と人工、心と言葉、真実と証拠、芸術と魔術など、多くのテーマがうかがえる。

所、シシリアとボヘミア
時、十四世紀
曲柄、現在物、四番目・口語能（所要時間、一時間余）

人物

シテ……………シシリア王、レオンテイーズ（後場）
ツレ……………シシリア王妃、ハーマイオニー（後場）
ワキ……………シシリア宮廷医師、ポーライナ
ワキツレ………廷臣（後場）

間（アイ）狂言……男（ボヘミア王子、フロリゼル）
女（羊飼いの娘、パーディタ）
ボヘミア王、ポリクシニーズ
地謡（三・四名）、囃子（笛、小鼓、大鼓、太鼓）

前場

次第
地謡　「一つ根元の枝分かれ。一つ根元の枝分かれ。冬の夜語りいかならん

［囃子ナシデ、ワキ登場］

詞（ことば）・確リ
ワキ　「これはポーライナと申す、宮廷医師にございます
さてこのシシリアにてはこの十六年間、大変な騒動がございまして。それがようやく治まり人々の生活に、平穏が回復致しました。その言わば悲喜劇を、お話致したく存じます
それと申しますのも、このシシリアに。ボヘミア王が九か月間滞在なされたことが、

事の始まりでございました。ご幼少のころより私どもの王様とはまさに兄弟のような仲睦まじさとは、存じておりましたが。お二人とも結婚なされて後の友情のあり方には、深く考えさせられたことでございます

お帰りなさろうとするボヘミア王を、殿が再度お引止めなされ。しかも王妃にお口添えを、頼まれた。その結果が、逆に。ご自身の、猜疑心を引き起こすことになり。結局、ボヘミア王は逃げ帰り。王妃は、投獄され。間もなくご出産の赤子は、ボヘミアの山里に捨て子にされたのでございます

(To mingle friendship far is mingling bloods.)

アポロ神からの神託が、「王妃は貞節。ボヘミア王は潔白。シシリア王は疑ひ深き暴君。赤子は彼が真の子。もしも見つからざれば王は世継ぎを得ず」と出ましたのに。王はこれを、真っ向否定。一片の真実もない、全くの偽りだと。

ところがその、直後。四歳の王子が母の投獄を悲しむあまり、亡くなったとの知らせに。さすがの王も自らの非に、ようやく気づかれ。アポロ神が、御怒りあそばされた。わが冒涜を許し給えと、謝罪された。

(Apollo's angry; and the heavens themselves /
Do strike at my injustice.)

しかしもう、手遅れでした。王妃も牢獄で、亡くなられたのです。かくて王は、悲嘆・絶望。以後は自らの罪過に対する後悔・悔悟の日々、となられたのでございます

［静カナ囃子］

地 抑エテ「この世に自然の法あれば。この世に自然の法あれば。従はざれば。いかならん

ワキ 詞「殿のお悟りに宮廷内も国民も、とりあえず安堵の胸をなでおろし。殿にはその後再婚のお勧めなどあれども、きっぱりとお断りなされ今日に至りました。以上このシシリアにての、大騒動につきお話しさせていただきました。ともかくこれにて、平安は回復されました。それではまた、後程お目にかかりましょう ［入ル］

間狂言 ［若者二人（男女）足早ニ登場］

男 「今日は羊飼いにとっては特別の日なんだ。君もこうして特別の服を着ると、羊飼いの娘には見えない。花の女神フローラのようだ。そう、毛刈り祭りの女王様だ

女 「王子様。さような無茶をおっしゃいますな。王子様こそ万人に仰がれる身をお隠しに

なり、そのような百姓の着物をお召しになるなど。お父様がたまたまここにお出でなさりはしまいかと、私は身震いします。ご自分の立派な王子様がこのようなあさましい姿でと、どんなに厳しいお顔をなさるかと

男　「ただ陽気にしていればいいよ。神々でさえ恋のためには野獣の姿をなさったことさえあるんだ。（主神ジュピターが牛に。海神ネプチューンが羊に。火の衣に身を包まれた黄金のアポロが百姓に。）しかしどの神も君ほどの美人のために変身されたためしはない。僕ほど貞潔だったためしもない

女　「でも王子様のその御決心も、王様の権力にはー

男　「いえ、わが父ボヘミア王は、僕の真情をきっとわかってくれると思うよ。僕は君のものになれないなら、父の子ではなくなる。僕自身でもないさ。さ、陽気になりたまえ

女　「運命の女神様――幸運の女神様であられますよう

［ボヘミア王ポリクシニーズ、変装シテ登場］

女　「皆様、ようこそお出でくださいました。父の意向で、今日の女王を務めさせていただきます

ボヘミア王「美しい娘さんだ！　そしてこうしてそれぞれ年齢にふさわしい花を下さるとは！　見たこともない花もあり

女「珍しい花々は、自然に人間の手を加えてつくったいわば人工の花でございます。

ボヘ王「だがお嬢様。人工の手による改良も、根本は自然の力によるものでしょう。接ぎ木をするというのも

(That art / Which you say adds to Nature, is an art / That Nature makes. The art itself is Nature.)

女「その通りでございます。私が化粧をしますと、それできれいだとは思ってほしくありません。それと同じです。さあ、香り高いラヴェンダーをどうぞ。皆さま、お花をお受けとり下さい

男「君がやること言うことは、何でも素晴らしい。一つ一つが独特で最高のものだ。一つ一つが女王様だ

(Each your doing, / So singular in each particular, / Crowns what you are doing in the present deeds, / That all your acts are queens.)

地（合・ヨワ）「一つ一つが女王様。君の言葉は。君の行為は。一つ一つが女王様。ああいつまでも聞いていたい。ああいつまでも見ていたい。君が口をきくとき。物を売るときも。ああ

君が海の波ならいい。つねに動いている

男　「動いているだけで。ああ君のやることは。一つ一つが独特で最高のもの。一つ一つが女王様　女「なんて大げさなお褒めことば

男　「さあ踊ろうよ。一度手をつないだら離れられないきじばとのように　女「誓ってそのとおりに　男「さあ、お囃子を始めてくれ

［囃子。二人踊ル。囃子ヤム］

男　「僕はこの方(かた)の前で、愛の告白をしたくなった。どうか証人になってください。いえ、すべての人が証人に

地　「すべての人が証人に。大地が。天が。証人に

男　「僕は生涯この人を愛することを誓います。またこの人の愛なくば、すべてのものが僕には無価値に

女　「私の純粋な心をこの方に

ボヘ王　「ちょっとお待ちなされ。君の父君はこのことをご承知か

男　「いえ、わけがあって父には知らせてないのです

［ボヘミア王、変装ヲ捨テル］

ボヘ王　ケワシク「おい若僧よ。君を息子とは呼びかねる

［囃子］

地　クセ・合・ツヨ「君を息子とは呼びかねる。笏もつ王の世継ぎの身。羊飼いなどになり下がり。また君は。お相手が王の血筋と知りながら。魔術を用いたな。その美しい顔を引っ掻いてやりたい。お前にはもう王位は継がせん。わが血を分けた子とは思わぬ。この怒りは減りはせぬぞ。さあどうだ。おれについて宮廷へ戻るか戻らぬか

女　不合・ヨワ・スラリ「私は少しも怖くない。王様の御殿を照らすその太陽は。わたしたちの田舎家にも。同じようにご照覧くださいます

(The selfsame sun that shines upon his court / Hides not his visage from our cottage, but / Looks on alike.)

詞「もうお出でになってください、王子様。王子様と百姓娘の恋の結末、前から申し上げてありました。もうこの夢は、目が覚めました。もう女王様気取りせず羊の乳をしぼって、泣いて暮らします

男「僕の心は、少しも変ってはいない。引き戻されれば逆にいっそう、前へ進むだけ。僕は「誓いを破ることはない

地（不合・ツヨ）「誓いを破ることはない。自然が大地を打ち砕き。一切の種子を破壊してしまおうとも

［囃子ヤム］

男（詞）「お父さん。僕の王位継承権を、抹殺なさるがいい。僕は、愛情を選びます。僕の理性は、愛情に従います（確リ）「たとえボヘミア一国に代えるとも（カカル）

地（ツヨ）「ボヘミア一国に代えるとも。大地に潜み。大海に隠れたる一切のものに代ゆるとも。僕のこの美しい恋人への誓いの言葉は変わらない

男（詞）「どうぞ、勘当なさってください。僕はわが、心の命じるままに生きてゆきますから。さあ参りましょう

［女ト共ニ入ル。後カラ、ボヘミア王入ル］

後場

［シテ（シシリア王レオンテイーズ）、沈痛ナ面持チデ、ワキ（ポーライナ）ヲ伴イ登場。舞台正中ニ着座］

次第・ヨワ
シテ　「わが犯したる大罪の。わが犯したる大罪の。赦しをいづこに求むべき

上歌・ヨワ・閑カニ
地　「想ひ返せば恥づかしや。美徳の妃を謀反人姦婦とさへ呼び。相手の名前まで口走り。思ひ違ひはわれなりき。この女を牢に閉じ込め。弁護するは同罪と。ああ恥づかしや。姫を出産せるときは。それは私生児。わが国外に捨てて参れ。妃は火あぶりにとまで。赦しがたき大罪に世継ぎは絶望。希望の母最愛の伴侶を失ひし

詞
ワキ（ポーライナ）「アポロの、ご神託には。失はれし子の発見さるるまで、世継ぎを得るあたはずと。天意にそむくことは、できませぬ

［ワキツレ、廷臣登場］

詞
廷臣　「申し上げます。ボヘミア王の、王子と名乗る方が。妃殿下を伴われ、拝謁を願っておいでです

シテ　「なにと、ボヘミア王の王子と

廷臣　「妃殿下はこの世の人とも思えぬ、絶世の美人でいらっしゃいます

シテ　「お通しせよ。それにしても、何の前触れもなく

［ボヘミア王子フロリゼル、妃殿下ト共ニ登場。廷臣退場］

王子（フロリゼル）「父の命により、参りました。父は兄弟とも思う、あなた様に。親友として、ご挨拶申し上げるようにと。また如何なる王族の方よりも、あなたを愛していると申し上げるようにと

シテ「若い時の君のお父様に、そっくりだ。お顔といい、その物腰といい。よく来てくれた。それに美しいお妃も、――女神のよう

地（合・ヨワ・抑エテ）「ああ私は。二人とも無くしてしまった。生きていれば美しいこの子らのように。そればかりか自分の愚かさ故に親友をも失いし。その後のなんと辛い人生か。ああ神々よ。清々しいこの子らが居てくれる間。この国からすべての疫病を浄め給わんことを！

(The blessed gods / Purge all infection from our air whilst you / Do climate(reside) here.)

［廷臣、駆ケ込ミ登場］

廷臣（詞）「申し上げます。只今、ボヘミア王よりの伝言にて。王子様を、捕えて下さるようとのことです。王位におつきになる将来を投げ捨てて、出奔なされたとのことでございます

シテ「ボヘミア王は、どこにおられる

廷臣　「近くまで、追って来られたとのことです

シテ　「それならお会いして、お話を聞くとしよう

廷臣　「街では、お姫様が見つかった。花火を上げようと、大騒ぎをしています。アポロ神のご神託の、通りになったと。ボヘミアのお爺さんが出したいろいろの証拠が、すべて筋が通っていて。お姫様はお母様にそっくりの、お威厳で。生まれが、育ちに勝る高貴さと。さらにまた、街では。亡くなられた、お后様（きさきさま）の。彫像（ちょうぞう）が完成したとの、噂が流れています

ワキ（ポーライナ）「その彫像とは、拙宅（せったく）でのことでございます。お運びして、お目にかけましょうか

シテ　「お前のお陰でこれまでも、どんなに慰められたことか。ぜひとも、拝見したいものだ

ワキ　「早速、お運びさせましょう

［廷臣入ル］

［囃子アリ。幕ニ包マレタ作リ物、運ビ込マレル］

［ボヘミア王ポリクシニーズ、コッソリ登場、見守ル］

ワキ　「お命の通(かよ)っておられません、彫像で。これ程すぐれたものはご覧になられたことはないと、確信いたします。お后様に生き写しに、生けるがごとくに出来てございます。さあご覧下さい

［幕ヲ引ク］

シテ　「よく似ている。生きているままの姿だ。目が星のようだ。あれから、十六年。生きていたら、こういう姿かと思われる。深く心を、えぐられる

合・ヨワ・抑エテ
地　「許してくれ。叱ってくれ。ハーマイオニー。許してくれ。叱ってくれー

詞
パーディタ（シシリア王女）「お母様。私が生まれたばかりのときにお亡くなりになられた、お后(きさき)さま。そのお手に、口づけをお許し下さい

ワキ　「お待ちください。まだ彩色(さいしき)をほどこしたばかりにて、絵具(えのぐ)が乾いておりませんから

シテ　「ああ、胸がしめつけられる。まだカーテンを、閉めないでくれ

ワキ　「いえ。動き出すなどとおっしゃられると、いけませんから

シテ　「これを作ったのは誰であったか、まさに息をしているようだ

地　不合・ヨワ「なんという見事な傑作。ああこの世のどんな正気も。この狂気の喜びにはかなわない
詞 シテ「そのままにしておけ

ワキ「いえ。それではもっとお驚きになられることが起ると、お覚悟あそばしください。あの彫像を台座からおろして、お手をとらせてご覧にいれましょう

シテ「お前に出来ることなら、何でもやってくれ。魔術でも、何でも。動かせるものなら、ものを言わせることもできようぞ

ワキ「楽人たち、始めよ。彼女を目覚めさせよ　［囃子］
時間です。台座を、お降りくださいませ。もう石であることをやめて、さあこちらへ。
――さあ、お手をお出しあそばして

シテ「おお、温かい。これが魔術なら、食事同様の正当な行為だ
(O! she's warm. / If this be magic, let it be an art / Lawful as eating.)

ワキ「生きておいでのようです。まだ、お口はおききになられませんが。もうしばらく、ご覧下さい
［囃子］

［彫像・ツレ（シシリア王妃ハーマイオニー）口ヲ開ク］

ツレ（不合・ツヨ）「天上の神々よ。ご照覧あそばされ。わが娘に聖なる瓶(びん)よりお恵みを注がせ給へ「ご(詞)神託の、結果。あなたが、生きているという希望をポーライナからもらい。今日まで、生きてきたのです

ワキ「そのお話は、あとでごゆっくりあそばしませ

シテ（不合・ツヨ）「ああ、何というこの歓び！　胸が張り裂ける！（間）涙が止まらない。（間）「皆様(詞)もそれぞれ、同様のお話をなさりたいでしょう。私からはわが兄弟とわが后と皆様に、謹んでお詫び申します。お許し、下され

ワキ「さあ皆様。それぞれのお話とお喜びをどうぞ、ごゆっくりお分かち下され　［囃子］

地（ノル・ツヨ）「天上の神々よ。天上の神々よ。われらにご加護とお導きを。ご加護とお導きを賜はりませ

［シテ、ツレ、ソノ他、最後ニワキ、入ル］

註。題名 *The Winter's Tale* の邦訳名は『冬物語』が一般的であるが、『冬の夜ばなし』（坪内逍遥）か『冬の夜語り』（福原麟太郎・岡本靖正訳、筑摩書房、世界古典文学全集46）が原作の内容からは相応しいと判断した。この能翻案は後者に負うところが多い。（なお詳しくは、岡本靖正「*The Winter's Tale* のタイトル邦訳名について」『融合文化研究』三〇号、電子版、２０２３（刊行予定）をご参照下さい。）

本作は上演の際の悲喜劇としての成功度は、二人の子らの出現・蘇生と共に、後場のキリの大団円の演出如何にかかっていると思われる。

能　テンペスト（あらし）

「いまだに国境があって
復讐や戦争をやってるのですか」

「許しは和解の始めなる。
復讐に勝る気高き行為」　ゴンザーロー

能　テンペスト（あらし）

［構想］　シェイクスピアひとりの筆になる最後の作。「ロマンス劇」（悲喜劇）。彼の晩年の人間観や自然観、宇宙観また芸術観などがうかがえる。

所、孤島
時、一六世紀
曲柄、現在能、四・五番目（所要時間、一時間半）

人物

シテ……プロスペロー（ミラノ公国の君主。十二年前、弟に公国を追われ、以後たどり着いた孤島に娘と共に住む）
ツレ……ミランダ（プロスペローの純真無垢な娘。十四歳）
ツレ……エアリエル（空気の精。人の目に見えず自由に飛び回る）
ツレ……ファーディナンド（ナポリ王の息子、王子）

間（アイ）狂言……ゴンザーロー（ナポリ王の老顧問官。清廉潔白の人物。「エピローグ」でシェイクスピアの霊に変身）

地謡（三・四名）、囃子（笛・小鼓・大鼓・太鼓）、尺八

前場（大あらしとその直後）

［冒頭、雷鳴・大あらし。ヤガテプロスペロー、法衣ヲマトイ、魔法ノ杖モチ、娘ミランダト共ニ登場、二ノ松ニテ囃子静マリ］

ミランダ 詞 スラリ「お父上（ちちうえ）。海上に荒れ狂ふあのあらしが、お父上の魔術（まじゅつ）によるものなら。早く、鎮（しず）めてくださいませ。お船が海に、呑み込まれてしまいそう。あのような見事なお船には定めし、立派なお方がお乗りのはず

プロスペロー 閑カニ抑エテ「すべて手筈（てはず）は、整（ととの）へてあり。心配は、無用

ミラ「私に、神の力ありせば。あの荒海を大地に、沈めてしまいましたのに

(Had I been any god of power, I would / Have sunk the sea within the earth.)

［再ビ「あらし」。ヤガテ鎮マリ、一ノ松辺リデ］

プロ　〔閑カニ〕「娘よすべては、お前のため。お前はまだ私が、何者かを知らず。
それを知らせる、時来たれり。わしはこの見るかげもなき、岩屋の主(あるじ)にはあらず
〔カカル・抑エテ〕「真(まこと)はわれはミラノ公爵　［舞台ニ入ル］

地　〔拍合・ツヨ・確リ〕「ミラノ公国の君主たりし。民(たみ)の幸せの為。人の模範(もはん)たるべく。仁徳(じんとく)による政治(まつりごと)。学問
芸術を愛し。哲学宗教天文(てんもん)研究。〔カエテ〕「政治の実務はすべて弟に任せたり。さればその信
頼が仇となり。弟。権力を笠(かさ)に着て。正に独裁者。偽(いつは)りを真(まこと)と欺(あざむ)き。つひにはナポリ
王と陰謀計り。兄公爵を。ミラノより追放す

プロ　〔詞〕〔閑カニ〕「娘よ。わしはお前と、二人きり。小船にて辿(たど)りつきしが、この孤島(ことう)。お前はまだ、
三歳にもならず　**ミラ**　〔シンミリ〕「父上には私の為に、どんなにかご苦労を。想へば涙が、こ
ぼれまする　**プロ**　〔サラリ〕「幸いナポリ王の顧問官(こもんかん)、ゴンザーロー殿が。身の回りの物とわ
が秘蔵の書物を秘かに船に、乗せてくれ　**ミラ**「何と優しい、お方

地　〔不合・ツヨ〕「巡(めぐ)り来たりし十二年目。秘術の研究実りたり。この大(おお)あらし

プロ「ナポリ王とわが弟一味(いちみ)を。この孤島におびき寄せ

下歌・ツヨ
地「船は粉々に。目に見えぬ因果（いんが）の法則。わが星運（せいうん）ここに懸（かか）れり

詞
プロ「それまたいずれ、話すべし。いまはこれにて、お休みなさい

［ミランダ眠ル］［囃子］

次第・ヨワ・スラリ
地「朝な夕なの枕辺（まくらべ）に。朝な夕なの枕辺に真実（まこと）の世界の見えてまし

詞　抑エテ閑カニ
プロ「目に見えぬ、空気の精霊。エアリエル、現れよ

［シテ、招キ扇。エアリエル、橋掛リヨリ走リクル］

確リ
エアリエル「ご主人様いかなる御用も、御意（ぎょい）のままに。雲に乗り風に乗り、飛び回りまする。
火の精、水の精共々。すべては、お心のままに

サラリ
プロ「わしが命じたすべてその通り、果たしたるか

確リ
エア「ひとつ、残らず。雷鳴・稲妻・猛（たけ）り狂う、大（おお）あらし。海神（かいじん）が、驚くほどに

サラリ
プロ「だが船上の人々は、すべて安泰（あんたい）か

確カニ
エア「一人残らず。ナポリ王子だけは一人、島の外（はず）れに引き離し

プロ「よくやった。さればナポリ王子にわが娘を、見初（みそ）めさせんとよ

［ミランダヲ舞台中央ニ残シ、シテ地謡前へ控エル］

［尺八一管ニヨル妙ナル音楽アリ。橋掛リニ、
ナポリ王子ファーディナンド、悲シゲニ、シズカニ登場］

エア（ヨワ・シンミリ）「そなたの父は海の底　五尋（ごひろ）の深い海底（うなそこ）に　(Full fathom five thy
骨は珊瑚（さんご）に変へられて　father lies; / Of his bones are coral made,)
目（まなこ）はきれいな真珠（しんじゅ）となり　(Those are pearls that were his eyes,)
ひとつも朽ちるものはなく　(Nothing of him that doth fade)
海の女神の力にて　(But doth suffer a sea-change)
すべて宝に変へられたり　(Into something rich and strange.)

地　（ウケテ）「海の精霊（せいれい）。弔（とむら）ひの鐘。ディンドンベール。ディンドンベール

ファーディナンド（詞）「あの、美しい音楽は。空からまたは、大地から。この島の、神に捧げる音楽か。父ナポリ王の死を嘆くわが悲しみを、鎮めてくれる。この世のものとは、思はれぬ

プロ　（閑カニ）「娘よ目を覚まして、あれを見よ　［ミランダ目ヲ覚マス］［尺八止ム］

ミラ　（スラリ）「あれは妖精（ようせい）かしら、立派なお姿　**プロ**（サラリ）「先ほどの難破船上の、人間の一人よ

ミラ「いえ、神様のように見えまする。人間があれほど、気高く見えるとは
(I might call him / A thing divine; for nothing natural / I ever saw so noble.)

［囃子、妙ナル音楽］

ファ「あの美しい、音楽は［ミランダニ気付キ］あの女神に捧げる、音楽か［舞台ニ入リ］
あなたは、この島のお方ですか。人間の娘ですか。不思議なお方

ミラ（スラリ）「不思議の者には、ありませず。人間の娘です　ファ（カカッテ）「私は、ナポリ王の息子。

父王亡くなり今はナポリ、最高の身分の者

ミラ（シットリ）「あなたは私がお慕ひする、初めてのお方　ファ（カカッテ）「それが、真（まこと）なら。わがナポリの、
王妃に　(O, if a virgin, / And your affection not gone yet forth, I'll make you / The queen of Naples.)

プロ（サラリ）「二人とも一目見て、たちまち目と目を交（かわ）しおった
(At the first sight / they have changed eyes.)
［プロスペロー、立チ上ガリ］（不合・ツヨ）「いや待て。娘はわが宝

地（上歌・合・ツヨ・確リ）「手軽（てがる）に得たる宝をは。人は手軽に扱ふもの。

(I must uneasy make, lest too light winning / Make the prize light.)

若者よ。先ずは働くべし。人の為に何が出来るか。その力を見せ給へ。愛・献身・忍耐・

努力。そなたにはまだ試練あり

詞

ファ（気ヲコメ）「日に一度あの娘の顔が、見られるなら。いかなる試練も、辛からず　プロ（ユッタリ確カニ）「使命ある者に、試練あり　地「使命ある者に試練あり

［プロスペロー、ミランダ、続イテファーディナンド、橋掛リへ］　［中入］

間語

アイ（ゴンザーロー）「これはナポリ王の顧問官にて、ゴンザーローと申します。先ほどのあらしに至るまでの顛末を、お話し致したく存じまする。

ミラノ公国君主プロスペロー公爵は、その国民を愛し慈しむこと、わがナポリにまでも聞こえしなり。また学問芸術・天文魔術の研究に没頭され、君主に徳あれば民これに倣ふと。かくて政務は弟君に任せられた。ところがこの信頼が、仇になったのでございます。

弟君は次第に独裁者となり、自ら君主たらんと、わがナポリ王と結託。兄上を、未だ三歳にもならぬ一人娘と二人だけ帆船に乗せ、さる港より出航させてしまわれた。私はその

時お二人の身の回りの物と秘術の本を、秘かに船に乗せるのが精いっぱいでございました。
幸い船はこの孤島に漂着。以後プロスペロー殿は十二年間、この孤島にて姫と、生き永らへられたのでございます。否それどころか、長年研究されたる秘術により、この孤島に生息(せいそく)する生物や、空気や水や大地の精霊を巧みに操り、獰猛(どうもう)なる怪物(かいぶつ)たちをも手なづけ、かくして十二年目に、あらしを起こし、弟君とナポリ王とをこの孤島におびき寄せ、船を難破させたといふ次第です。

しかしこれは復讐にあらず、秩序の回復、即ちミラノへ帰ることを神の御心(みこころ)と思召(おぼしめ)され、またその為にナポリ王子を娘に出会はせられた。思ふにプロスペロー殿の秘術とは、天地の律法(りっぽう)、もしくは目に見えぬ大自然または宇宙の法則、神の御心(みこころ)。それを会得(えとく)せられたものと存じまする。

プロスペロー殿を深く尊敬申し上げます私の、これまで知り得ましたおおよそのことを申し上げさせていただきました。

［狂言座へ］

後場

［プロスペロー、ミランダ、ファーディナンド、エアリエル登場］

詞 **プロ** サラリ「さて。難破せるナポリ王とわが、弟やいかに　**エア** 確リ「一つ所にて、身動きできず。
悲嘆（ひたん）にくれ激しく前非（ぜんぴ）を、悔（く）いておりまする

合・ツヨ **地** 「愚かなる。その名は悪人。他人（ひと）を殺さんと企てし。人道（じんどう）に悖（もと）る罪。運命の神は忘れは
せず。自ら蒔（ま）きし種なれば。自らそれを刈り穫（と）るべし。因果応報。悪因悪果（あくいんあっか）。良心（りょうしん）の
呵責（かしゃく）に苦しむべし。恐怖の海と呪（のろ）ひたる。真実（まこと）は慈悲の海なりし。試練のあらしなり
けり

詞 **プロ** サラリ「悔いたるは皆、放免（ほうめん）さるべし。ユッタリ 赦（ゆる）しは、和解の始めなる
(The rarer action is / In virtue than in vengeance: they being penitent.)

地 ウケテ「赦しは和解の始めなる。復讐に勝（まさ）る気高（けだか）き行為。道を行うが肝腎。恨みを晴らす
にはあらず

［プロスペロー、ファーディナンドニ］

詞 **プロ** 確カニ「さて若者よ。過酷（かこく）なる試練はまた、愛情を試すもの。よくぞ耐へたり　カカル「さればわが

宝を遣はさん

地［クリ・ツヨ・引キ立テ］「天が寿ぐ聖なる婚礼。その前に邪なる行ひは許されず

ファ［サシ］［確リ］「わが夢は。平和なる日々と頼もしき子孫。さらに長命。生涯この愛情を持ち続けます

地［クセ・確カニ］「誓ひの言葉に背くはならず

プロ「エアリエル。妖精たちを呼び給へ　エア［引立テテ］「豊穣の女神よ。大空の妃よ。七色の虹のアイリスよ　地［ウケテ］「もろもろの精霊たちよ。いざ来れ。聖なる結婚に祝福を

［太鼓入ル］

ファ［優ニタップリ］「これは奇跡か。天国か。夢か現か。幻か

ミラ「おおここには素晴らしい方たちが何と大勢。人間とは何と美しい。このような方たちが住んでいらっしゃるとは。おお素晴らしい新世界

(O, wonder! / How many goodly creatures are there here! / How beauteous mankind is! O brave new world, / That has such people in't!)

［ファーディナンドトミランダ、祝言ノ相舞］

プロ［詞］［引立テサラリ］「よくできたるぞ、妖精たちよ。よしよしこれにて、消え失せよ　「驚きたるか、息子

と娘よ。先ほどの妖精たちはみな大気中に、溶けてしまひたるよ
(Our revels now are ended. These our actors were all spirits, and / Are melted into air.)

地（上歌・合・ヨワ）「この世のすべては形（かたち）ある。いずれも溶けて消え失せる。人間の。ささやかなる一生は。眠りによりて輪を閉ぢる。この世のすべては夢幻（ゆめまぼろし）
(We are such stuff / As dreams are made on; and our little life / Is rounded with a sleep.)

プロ（詞）（閑カニ）「エアリエルよ。そなたもこれにて、自由の身　［エアリエル、橋掛リヨリ飛ビ去ル］

［ゴンザーロー、プロスペローノ前ニ出］

ゴンザ（畏マッテ）「されば身共（みども）も共に、自由の身となり申したく

プロ（サラリ）「ゴンザーロー殿そなたは、ナポリ王の顧問官。わが命（いのち）の、恩人（おんじん）。徳高き、高潔の士。そなたの云はれる、自由の身とは

ゴンザ（引立テテ）「われもし自由の身、なりせば。この孤島（ことう）に、残らんか（謡ウ）「われもし孤島の主（ぬし）なりせば。（詞・気ヲコメ）すべての営（いとな）み、逆（さか）さまに（語リ・確リ）「お金をはじめ金銀宝石（きんぎんほうせき）すべて、無価値（むかち）に。私有財産（しゆうざいさん）持つものは、悪徳をなせる証拠。

個人の繁栄にてはなく、公共の繁栄。コモンウエルスを、追求します［謡イ舞ウ］
謡ウ「利己主義者はすべて投獄。労働に従事。正義と公正達成され。貧者もなければ長者もなし　語リ「万人に生涯の、豊かな生活を保障　謡ウ「戦争戦闘野獣的行為。一切禁止。他国との同盟すべて不要　語リ「自然の情・人間本来、友愛精神。これぞ最も、強固な同盟

プロ　サラリ「さて、食糧は　**ゴンザ**「食物は自然の恵みに手を加へずも、五穀豊穣　謡ウ「人はみな。男も女も純真無垢。天地自然に逆らはず。ゆくゆくは法律無用。地上の天国。さらには来世の幸せ願ふ

プロ　詞「ナポリ王老顧問官、ゴンザーロー殿。わが命の、恩人よ　引立テテ「共に故国に帰り。さらにそなたのユートーピア論。拝聴せんか

キリ　［プロスペロー、以下、舞イ謡ウ］

プロ　大ノリ　ヨワ「またはまたは　**地**「汝ひとり残して。われら故国へ帰るべきや　**プロ**　ユッタリ「汝ひとり残して　**地**　ウケテ「われら故国へ帰るべきや

プロ　乗ラズ・ツヨ「われはこれにて。魔法の杖折り。大地に埋め　**地**　ウケテ「法衣を脱ぎ捨て。人手の届かぬ深海に。秘宝の書沈め　**プロ**　ウケテ「いざや故国へ帰らんや　**地**「いざや故国へ帰ら

んや。民待(たみま)つ故国へ。民待つ故国へ帰らばや。民待つ故国へ帰らばや

［プロスペローヲ先頭ニ入ル］

［シバラク明暗流尺八流レル］

［ゴンザーロー、後見座ニテ物着。シェイクスピアノ霊ニ変身］

エピローグ（納め口上）

ゴンザ（シェイクスピアノ霊）「シェイクスピアの霊でございます。霊的な音楽に誘われてやって参りました。あの世にて、プロスペローやゴンザーローと共に、天国的生活を楽しんでおります。え？　地上ではあれから四百年、二十一世紀、未だに人類は、国と国との境があって、復讐とか戦争とかやっているのですか。情けないですね。ゴンザーローのユートーピアとは行かぬまでも。せめて殺し合いなど野獣的行為は、止めてほしいですね。いまだ進化の過程ですか。（間）まだ数百年、え、それ以上かかるでしょうか。精神進化・精神革命が必要ですね。そうですか。それではまた・・・。

May the spiritual lead the physical! The spiritual evolution! The spiritual

revolution!!

［尺八「送り笛」。霊、消エル］

能　ヘンリー八世

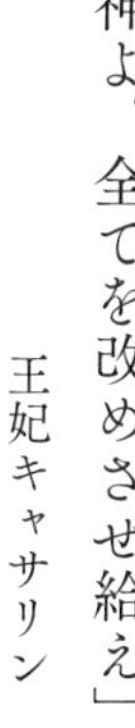

「ああ神よ。全(すべ)てを改めさせ給え」

王妃キャサリン

「笑いではなく真実を」

能　ヘンリー八世

［構想］　最後のロマンス劇『テンペスト』で魔法の杖を折った筈の作者が、王女（後の女王）エリザベス誕生に至る当時の政治状況を描いている。合作説あり。原作プロローグ（前口上）に、「笑いではなく真実を」と。エピローグ（納め口上）には、「ご婦人方のご好評を懇願します」と。

所、イングランド
時、一六世紀
曲柄、現在能、四番目（所要時間、一時間十分）

人物

シテ……………ヘンリー八世（王）
ツレ……………キャサリン（王妃）
ツレ……………ウルジ（ローマ教会枢機卿（すうききょう））。聖衣。
ツレ……………クロムウェル（ウルジの部下・秘書官）

ツレ……クランマー（キャンタベリー大司教）
間狂言……宮廷内紳士三名
地謡（男女各二・三名）。囃子（太鼓あり）

前場

［王ガ枢機卿他ヲ従エ登場、玉座ニ着座］
［オクレテ王妃キャサリン登場、王ノ前ニ跪ク］

王妃（詞）「請願（せいがん）がございます　**王**「お起（た）ちなさい。私のそばにお掛けなさい

王妃「いえ、私は請願者ですから。多くの臣民が、重税に苦しんでおります。不法な取り立てと。この税制を勧（すす）めたるは、枢機卿（すうききょう）と　**王**「いかなる税制かな

王妃「臣民一様に、資産の六分の一に課税せよと。フランスとの、戦役（せんえき）のためなりと　**王**「各人資産の、六分の一とは。それは予の意志に、反するものぞ。枢機卿、これは如何なることぞ

ウルジ「それがし会議の一員として発声は致したるも、博識なる諸侯（しょこう）ご一同のご賛成により決

定いたしたることでございます

王　「先例なきを余の意志として臣民に強制するは、良からぬことぞ。反抗せる者をすぐに、赦免するがよい

ウルジ　［秘書官ニ］「すぐ赦免状を各州へ送り給え。枢機卿のとりなしによると、言いふらすよう　［秘書官入ル］

地（次第）（男女）「衣は人を表すや。衣は人を表すや。聖衣は聖者を表すや

王妃　「バッキンガム公がご不興をこうむりましたこと、真に遺憾に存じます　王「どういうことかな。あれは博識にて能弁、他の助力を求めたことがないという

ウルジ　「監査役、公爵から聴取した記録を読み上げよ

地（男）「王にもし世継ぎなく。王亡くなられたる後は。わが意のままなり。また枢機卿には。復讐せずにはおかず

ウルジ　「これが陛下、彼が陰謀の要点にございます。これが実行となれば大変危険にございます

王妃　「枢機卿殿。高潔の人を罪に落とし、自らの高潔の精神を汚すことのなきよう

(Take good heed / You charge not in your spleen a noble person, / And spoil your nobler soul!)

ウルジ「妃よ。かような人物を牢にも入れず野放しにては、陛下はご安泰でおられましょうか

王「恐ろしいことだ。謀反人だ　［王、ツヅイテ王妃以外皆入ル］

不合・ヨワ
王妃「天の王者も照覧あれ。ああ神よ、全てを改めさせ給え

(Heaven is above all yet; God amend all!)　［入ル］

間狂言

［紳士二名登場］

紳士一「これで枢機卿も、その魔力を失うというものだ　**紳士二**「何々、どういうことだ。**紳士一**「ウルジ枢機卿からローマ法王に宛てた手紙が、王の目に触れてしまったのだ。それが王の離婚問題を引き延ばすよう請願したものだ　**紳士二**「それは大変だ。王は既に王妃女官のアン・ブリン様と結婚しておられる。あの方の戴冠式を準備するよう命令さえ出ておるのだ。お美しいだけでなく、非の打ちどころのない素晴らしいお方だ　**紳士一**「ところで、クランマーは戻られたかな　**紳士二**「既に

戻られて王の離婚手続きに入った。キリスト教諸国の有名な学者たちの支持も得られるようだ。あれは王の信頼も厚く、今にキャンタベリー大司教に任ぜられるのではないか　紳士一「ということは、キャサリン王妃は称号を失うということに・・・

紳士二「ウルジが見えた。またあとで

［ウルジ（枢機卿）橋掛リニ登場。二ノ松辺リデ傍白］

ウルジ「王が結婚なさるべきは、フランス王の妹（アランソン公爵夫人）だ。王妃女官のアン・ブリンじゃない。あれは顔はきれいで貞淑だが、熱烈なルター信者だ。こんな女に入り込まれたら、抑えきれなくなる。もう一人はクランマーだ。この異端者が、王に取り入ってしまった

［ウルジ、舞台ニ入ラズ後見座へ、後ロ向キ坐ル］

［王ガ書類ヲ読ミナガラ登場］

王「あの男は、これ程の財産をため込んでおったのか

［舞台ニ入リ］　枢機卿を見なかったか

紳士一「先程お見えでしたが、なぜか突然見えなくなりました

王「今朝あれから届いた書類の中に、彼の財産目録が紛れ込んでおった。一方で倹約を説

きながら、自分は湯水の如く乱費しておるではないか

［紳士二ガ後見座カラ、ウルジヲ連レテクル］

ウルジ「失礼いたしました。陛下にはご機嫌麗しう　**王**「枢機卿。そなたは天使の如き存在なれば魂の問題に忙殺されて、地上の財務などにかまう時間はあるまいのう

ウルジ「いえ、聖職についても国事についても費やす時間はございます。しかし陛下の御為に、御恩の万分の一でもお報いせんものと祈る日日でございます

地（次第）「言葉美しきは美なれども。言葉美しきは美なれども言葉は人を表すや

王「わしはそなたを腹心として、莫大な収入の職にもつけ。わしの財産の一部も、手放したのだ。これを読め。読み終えたら、朝食を取るがよい。食欲が残っていたなら

［王、ウルジヲ睨ミツケ退場。ウルジヲ残シ、皆入ル］

ウルジ「一体どういうことだ。王が突然怒り出すとは　［読ム］

これが原因だ。この紙きれが俺を、破滅させるのだ

地「法王職を得るために。ローマの味方を得るために。これまで長年かき集め。ため込んだ全財産目録　**ウルジ**「ああ、不注意だった。またこれは何だ。法王に宛てた離婚

延期要請。これも読まれてしまったか。もうお終いだ　地「この世の権勢の絶頂より。これにて転落の一途なれ　［紳士二名戻ッテクル］

紳士一「枢機卿、王からの御伝言だ。その国璽をわれわれに渡し給え。そしてその方の館にて謹慎せよとのことだ　ウルジ「何と。令状はあるのか　紳士一「王の厳命なのだ。逆らう気か　ウルジ「それは諸侯らの悪意にてはなきか。この国璽は、公文書も添えて王が手ずから私に下さったものだ。王自身にならお返ししよう　紳士一「王の厳命というに、貴様は謀反人だ　ウルジ「貴様こそ嘘つきだ

紳士二「お前のその野心のために、わが舅バッキンガム公は無実の罪を着せられ、この世を去った　ウルジ「彼は国法によって処刑されたのだ。私の所為ではない。裁判した判事たちの所為だ。私は主君たる国王陛下に常に忠誠を尽くしてきたのだ。私の潔白は明白だ

紳士二「ならば罪状を読み上げて聞かせようぞ

地（男）「一つ。汝は王の承認も得ずに法王の代理人となり、わが国司教たちの権利を圧殺せり。二つ。法王その他諸国の王たちに書簡を送るに。「私ならびにわが国王は」と記入せり。

それ国王を自らの臣下とせるなり。三つ。汝は王に報告もせずに国璽を携えて諸国を訪問せり。四つ。王の命令も待たず、国家の承認も経ずに、わが陛下とイタリアのフェラーラ公爵との条約を締結せり。五つ。我が国財宝を、いかにして調達せるかも問題なるが、それらを法王やローマ宮廷など海外へ贈答し、自らの栄達に役立てたり

紳士二「その他あれども、これくらいで御情けとゆこうか　紳士一「あと一つ。即ち

地（男）「わが国内において、自らを法王代理人として行為せるは、わが国王を法王の下に置かんとするものにて、それは王権侮辱罪なり。されば国法により、すべての財産は国に没収せられ、またその身は王の保護の外に置かるなり　紳士一「後は自ら考え給え。いかに生きたらいいのか　(And so we'll leave you to your meditations / How to live better.)

国璽を我々に渡さぬは、そのまま王に報告する。ではさらば

［ウルジヲ残シ、二人退場］

地「王侯貴族の寵愛に。すがって生きる。この世の栄耀栄華の空しさ。何たる運命。惨めさよ

［ウルジノ部下クロムウェル登場］

ウルジ「どうしたクロムウェル

クロムウェル「話す気力も、ございません

ウルジ「わしが不幸に、驚いておるのか。偉大な人間の没落を、嘆いておるのか。（間）いや。実に、幸せな気分だ。初めて、己を知った。こんな心の平安、良心の鎮まりをこれまで感じたことはなかった。

(Why, well; / Never so truly happy, my good Cromwell, / I know myself now; and I feel within me / A peace above all earthly dignities, / A still and quiet conscience.)

陛下に感謝だ。この両肩から、栄誉の重荷を取り除いてくださった。この重荷を持っては、天国へ行けぬ　クロム「わざわい転じて福となされましたか

(I am glad your grace has made that right use of it.)

ウルジ「世間ではどんな噂が流れておるのか

クロム「最も暗い話は、あなた様が王のご不興を買われたことです。次はあなたの後任に、サー・トマス・モアが大法官に選ばれたことです。ほかには、クランマーが帰国してキャンタベリー大司教に任ぜられました　ウルジ「ほかには　クロム「前から王と秘か

に結婚しておられたアン・ブリンが初めて公衆の前に王妃として姿を現し、礼拝堂へ
行かれました。その戴冠式の話に街は持ち切りです

ウルジ「わしの足かせになったのは、それだ。わしの栄光は、あの女一人のために失われてしまった。君は王に、忠実にお仕えすることだ

クロム「私の祈りはいつまでも、あなた様に捧げます

ウルジ「お前の真心には泣けてしまう。クロムウェル。わしが世に忘れ去られても、これだけは言ってくれ

地(男)「君を教え導いた。それが私であったと。私の破滅の元をよく。その胸に刻んでおけ

ウルジ「野心は捨てろ。天使たちが失墜したのもそれがため

(Fling away ambition; / By that sin fell the angels;)

(how can man then, / The image

地(男)「神のイメージを持つ人間が。
どうして野心で成功できようか

of his Maker, hope to win by it?)

ウルジ「自分を最後にしろ。自分を憎む人間を大事にしろ

(Love thyself last: cherish those hearts that hate thee.)

地（男）「不正・わいろより清廉潔白・正直が勝利への近道。右手には常に穏やかな平和を掲げ。
悪意の舌を黙らせよ (Still in thy right hand carry gentle peace, / To silence envious tongues.)

ウルジ「正義を守り、恐れるな (Be just, and fear not.)

地（男）「すべての目的は。国のため。神のため。真実のためとせよ
(Let all the ends thou aim'st at be thy country's, / Thy God's, and truth's.)
それでもし倒れるなら (Then if thou fall'st, O Cromwell, /

ウルジ「君は聖なる殉教者 Thou fall'st a blessed martyr.)

ウルジ「さ、奥へ一緒に。わしの全財産の最後の一ペニーまで目録に記入してくれ。すべては王のものだ。［傍白］「王に仕えた熱意の半分ほどでも、神への熱意があったなら、今ここで、身を亡ぼすことはなかったろうにー　クロム「ご忍耐願います

ウルジ「宮廷での望みよさらば。向後の望みは天上界へ　［共ニ入ル］

間狂言

［狂言二名登場］

紳士一「やあ、またお会いしましたね。アン王妃が即位式から帰られるのをご覧になろうと

紳士二「その通り　紳士一「ところで、キャサリン后妃はその後どうなされたでしょうか　紳士二「数回召喚されたのですが、出廷されませんで、結局ご離縁となり、さらにかつてのご結婚は無効とされたとか　紳士一「残念ですね。課税問題では、ウルジをやっつけられたのに　紳士二「ウルジの策謀を見抜いておられた。真実と正義の為には一歩も引かぬという強い性格をお持ちで。彼が別室でと促したときにも、内緒話はお断りと拒否された　紳士一「離婚問題でも、自分たちの結婚は、賢明なるヘンリー七世と自分の父スペイン王の相談で行われたもの故、その関係者の意見も聞くようにと。ところがウルジが、すでにここに選ばれた審議官たちの賛同があればその必要なしと　紳士二「ウルジは、この審問は法王の指示であり、王も承知の上だと。すると、妃はかような審問は信用できず、法王に直接訴えると席を蹴ったと。しかし、その後の彼女の言葉を聞きましたか

地

（女一人）「この国に真に友を持たぬ異国の女。二十年間。私は神の次に陛下に忠実な妻でした。愛の務めを裏切るどんな行為があったでしょうか。今は泣きたいこの気持ち。この涙の一粒一粒を。いつかは火花に変えてみせようぞ

地　「哀れ王妃。否。王妃と夢見たる二十年。スペインの王女たりし

紳士一「御覧なさい。行列がみえました。なるほどお美しい、可愛いらしいお后ですね。正に天使のよう。王が心を惑わされたのも無理ないか

(As I have a soul, she is an angel. I cannot blame his conscience.)

［紳士三登場］

紳士三「戴冠式はご覧でしたか　紳士一・二「いえ、どんなでしたか

紳士三「見事なものでしたよ。キャンタベリー大司教の手で厳かに行われた。あのお后のような美人は、大勢の美女たちの中にもありませんでしたよ。天を仰いで祈願された後、民衆がそのお顔を拝みえた際には、もう驚きの歓声を上げるやら熱狂ぶりは大変なものでしたよ

紳士一「ところで、キャサリンお后はどうされましたか　紳士三「ご病気が進み、御臨終の前に、白衣をまとった六人の天使が現れて平和の花輪をささげられる幻想を見られた由です。王宛に残されたお手紙のことご存知ですか。実に美しい痛々しい内容です

紳士二「どんなお手紙で

地（女一人）「私たちの清らかな愛の結晶、幼い娘のご養育をお願いします。立派な女になりうる器量があると思います。また私の運命に忠実に仕えてくれた不幸せな侍女たちにも、憐れみをお掛けください。みな立派な男を夫に持つ資格のある、正直でしとやかな女たちです。最後に、召使の男たち。最も貧しい人たちです、それ相当の給料をやってください。天がもう少し余裕と寿命を私に授けてくださったなら、こんな別れ方にはならなかった者たちです。こうした私の、最後の願いがかなえられますよう。そして。私が死んだら、丁重に取り扱って。体には白い花を撒き、柩には香料を詰めて。后ではなくなったが、妃らしく。また王女らしく、埋葬して下さいと。そして。死ぬまで貞潔な妻であったと、世間に知らせてくれるようにと（間）

紳士三「ウルジ枢機卿が逮捕され、ロンドンへ護送の途中病死されたのはご存知ですか。宮中へ参りましょうか。そこでまた話しましょう　［入ル］

後場

［王、キャンタベリー大司教他、登場］

［大司教、天ヲ仰ギ］

詞

大司教「陛下ならびにお后のために、お祈り申し上げます。天がこの姫君に与へ給ひし喜びが、
両陛下のお幸せのために日ごと夜ごと降り注がれますよう

王「姫の名前はなんとつけたかな
(What is her name?)

大司教「エリザベス様と申し上げます
(Elizabeth.)

王「この口づけと共に、わが祝福を与へよう。神よ、この子を護らせ給へ。その命を、御
手に委ね奉ります

大司教「天命により、一言ご挨拶を申し上げます　「この幼き姫君は

地(男)「ゆくゆくは幾千万の天恵を。この御国にもたらし。同時代またあらゆる後代の。あら
ゆる君主の模範ともなるべし
(She shall be / A pattern to all princes living with her, / And all that shall succeed.)

善に伴う叡智・淑徳。偉大なる人格の要素たる一切の美質が。この君に倍加さるべし

大司教「真実は。この姫君の保母となり。神々しき思想は、この君の顧問たるべし
(Truth shall nurse her, / Holy and heavenly thoughts still counsel her.)

地(男)「敬愛され。畏怖され給ふべし。
(She shall be loved, and fear'd.)

ご成長と共に吉祥加わり。人々悉く平安を謳歌し。真に神を知るべし

(Every man shall sing / The merry songs of peace to all his neighbours:/ God shall be truly known.)

大司教「君に仕へん者は君に倣ひて。正道により名誉を得べし。血統・門閥によるべからず

地(男)「かくして御代は休みせず。かの不思議なる不死鳥(フェニックス)の如。身まかればその聖なるご遺灰より明星たち昇り。その御天福をご移譲なさるべし。かく天日の輝く如く御名誉は存続し。新たな国土も開拓され。山上の老木の如くに全平野に枝枝を伸ばし。孫たちはその栄を拝し。天恵に感謝奉るべし

王「これは驚き入ったる大予言　**大司教**「この君はイングランドの為には幸運にも、ご老体までご在位なされます

地(男)「されどご寿命には限りあり。お隠れになられるまで。清浄無垢の百合の花にて。そのまま地下にお移りになられます。また全世界に哀悼せらるなり

王「大司教。そなたはわしを。初めて一人前の人間にしてくれたり

「汝が予言の嬉しさよ

(Thou hast made me now a man.)

「男舞(祝賀)」

キリ

地（男）「我はやがては天に上り。この子の仕事をつくづく眺め。つくり給ひし神を賛美せん

王「皆々ご臨席有難う。后にも会ふて下され。后も皆に感謝申し上げたく。今日一日は仕事を休め。このかわいい子が今日を休日にしてくれたり

(This little one shall make it holiday.)

地（男女）「皆様すべてに。神の祝福あれかし。神の祝福あれかし

あとがき

シェイクスピア原作をご存知の方はすでにお気づきのように、「わかりやすく、簡潔に」能に翻案するのに、ときに大胆に名場面をも削除し、ワキや間（アイ）に語らせた。

しかし常に原作者の意図に背（そむ）かず、（と言っても、「万の心（ミリアド・マインデッド）を持ったシェイクスピア」（コールリッジ）である）、そのある面を生かし、さらに観阿弥（かんあみ）・世阿弥（ぜあみ）の能の精神（と私が考えるもの）にも忠実にと、工夫したつもりである。

『英語能ハムレット』を一九八二年に発表（初演）した時、「シェイクスピアを冒涜（ぼうとく）した」という批評があった。その場面とは、ハムレットがオフィーリアの墓前で坐禅をくみ瞑想する。そこにオフィーリアの亡霊が現れる。（「亡霊」に抵抗があるなら、「彼の心に浮かんだ」もしくは「彼の中に彼女が生き返った」と解してくれたらいい）。やがてハムレットは、To be or not to be is ***no longer*** the question.「生死はもはや問題ではない」と悟る。

そして、The readiness is all.「覚悟がすべて」と謡い、颯爽と舞う場面である。日本的もしくは禅的な道筋ではないか。それはやがて世界でも理解されたものと思う。

こうした改作が、能にもシェイクスピアにも全く関心のなかった方々に、二十一世紀の「**現代能**」として、一作でも二作でも受け入れられ、世界最大の詩人・劇作家（現実を鏡に映して見せた。本質は理想主義者）の**未来志向**の大らかな人生観や世界観が、新たな文明観への鍵ともなるなら、筆者としては最高の願いがかなえられたことになる。

「まえがき」に、二十一世紀、新たな精神文明への転換期と書いた。『今こそシェイクスピア』。また、シェイクスピア名作のエッセンスを10分で掴めと。だがところどころ考えたり謡ったりすれば、二・三十分を要したであろうか。殆どの作は、最後の「キリ」は「大ノリ」である。あの「**太鼓入リ**」の「**大ノリ**」のリズムに乗って、人類進化の方向を見定め、共に謡い、飛翔しようではないか。

ところで、十三曲お読みになってお気づきでしょうか。これらのほとんどの作の、この世の問題解決（**協調平和・救い**）のカギが、シテかツレかワキかを問わず、女性の言葉、女性の願い・行動にあったことに。

「されど血は一滴も流すあたはず」（**ポーシャ**『ヴェニスの商人』）

「難題解決のカギは『もしも』にあり」（**ロザリンド**『お気に召すまま』）

「生あるすべてはこの世を通り、永遠の世に移るのです」（**王妃ガートルード**『ハムレット』）

「わが唇に霊気宿り。この接吻が父の無残なる傷を癒しませ」（**コーディーリア**『リア王』）

「殺しの後に眠りが来るかよ。戦の後に救ひがあるかよ」（**魔女**『マクベース』）

「その彫像とは、拙宅でのことでございます」（**ポーライナ**『冬の夜語り』）

「人間があれほど気高く神様のように見えるとは。このような美しい方々が住んでいらっしゃるこの世は何と素晴らしい新世界」（**ミランダ**『テンペスト』）

「ああ神よ。全てを改めさせ給へ」（**王妃キャサリン**『ヘンリー八世』）

即ちここには明らかに、シェイクスピアの女性観が表れている。さらには彼の人間観・社会観・世界観・さらに言うならば彼の大自然観・宇宙観が表われているとさえ思われるのである。最後の作、『ヘンリー八世』の原作エピローグに、「善き男性は良き女性に従うのでは」とまで言わせている。

最後に個人的な真情・信条を一言。

私はシェイクスピア研究者ではない。だが、私にとってシェイクスピアは、人生いかに生きるかの指針の書である。広島・長崎に原爆が投下され、ようやく終戦となったのは、私が国民学校（現小学校）五年の夏だった。八月十五日。中学（現高校）から帰ってきた兄が、「座敷に座れ。お前、切腹する覚悟はあるか」と言った。今も鮮明に記憶している。「鬼畜米英」が叫ばれ、最後の一人まで戦うのだ。負ければ皆殺しになると教えられていた。

その後「平和憲法」が発布され、日本国民はどんなにこれを歓迎し喜んだことか。そしてあのとき、「**不戦**」「**非戦**」を誓ったのではなかったか。

その後まもなく、『ハムレット』は私にとって、「生か死か」を考える無二の書になった。幸いその後、日本は今日現在まで、不戦を保ってきた。さて二十一世紀二十年代に入り、世界最大の劇作家シェイクスピアをいかに生かすか。シェイクスピア研究者・愛好者、シェイクスピアの読者・観客にとって、それは最大の課題ではないか。

本書制作中に人間国宝の能楽師・**野村万作**氏から激励のお言葉をいただいた。何と有難いことか。これで世界平和が一気に一歩近づいた、と直感した。

「この世にゃ一つも偶然はなし
全て因果はあるものよ
生きることは選ぶこと
この世もあの世もほんとの命
この世の醍醐味わかってきたさ」

間狂言(アイ)、老墓守（シェイクスピア原作の墓堀ではなく）で謡っていただいた。それは『能ハムレット』（93頁参照）の超満員の観客に大好評であった。

実は本書にシェイクスピア狂言を一作も含めなかったことをやや残念に思っていたのだが、これでそれが一気に吹き飛んだ。お言葉通り、本書が「多くの読者に受け入れられますよう念じ」、世界人類の協調平和に貢献できることを切に願うものである。

これら十三曲の台本制作に参考にさせていただいた多くの著書の著者の方々に、また舞台鑑賞後ご批評を賜わり本書に一部転載させていただいた方々に、心より感謝御礼申し上げます。

また、シェイクスピアについても、能についても、語法についても、私の研究不足から（私の創意工夫は別にして）、私の思い違いや誤りがあるかもしれません。ご指摘いただければ有難い。

この出版をお勧めくださった「でくのぼう出版」の編集長熊谷えり子氏に深甚の感謝を捧げます。また小生の願いを聞き入れ、「名作のエッセンスを、分かりやすく、簡潔に」をモットーに、共に読みやすい編集をしてくださった成内一崇（なりうちかずたか）氏にも、心より御礼申し上げます。

なお、世阿弥が身内に語った「秘すれば花」について、「秘せずとも花」、世界中の誰に聞かれても、見られても構わない、そういうことだけを話し、想い、行動する、それが日本人の「和の心」であり、そこからしか本当の和平は生まれない、そしてそれが日本国憲法の精神ではないのかと、同氏とメールし合ったことを、最後に記しておきたい。

二〇二三（令和五）年　八月

宗片邦義（むなかたくによし）
E-mail: kuniyoshi@munagumi.com

宗片邦義（むなかた・くによし）

一九三四年、山形県鶴岡市生まれ。東京教育大学（現筑波大学）大学院修士。以後、謡曲・仕舞を観世流梅若万紀夫師（現三世梅若万三郎師）に師事。ハーバード大学フルブライト研究員を経て静岡大学教授・現静岡大学名誉教授。博士（国際関係）。

シェイクスピア英語能『ハムレット』『オセロー』『マクベース』など創作、自らシテを演じてアメリカ十数か所をはじめデンマーク・スウェーデン・英・仏・モナコ・加・豪・中国その他、国内外で公演。日本語能は夏目漱石が提唱した「シェイクスピア能」を『能オセロー』（観世流津村禮次郎、一九九二）ほかで実現、日本語口語能創作の先がけとなった。

『ハムレット』『マクベース』『リア王』『クレオパトラ』『ロミオとジュリエット』などシェイクスピア能のほか、『トマス・ベケット』『ポトマック桜』『ノーラ』『上杉鷹山』『たたかわざる者・不来子先生』など多数創作公演。

著書に『学生のシェイクスピア』『シェイクスピア名場面集』『英語能ハムレット』『日英能オセロー創作研究』『ブライズ先生、ありがとう』*Noh Adaptation of Shakespeare*『英語謡曲のすすめ』（能楽書林、近刊）他。翻訳に『ホッブズ』（共訳。中央公論社「世界の名著」）など。

国際融合文化学会会長。二〇一五年春の叙勲で瑞宝中綬章受章。

国際融合文化学会ＨＰ　https://ishcc.stars.ne.jp/

今こそシェイクスピア

——能シェイクスピア十三曲——

二〇二三年 九月 十八日 初版 第一刷 発行

著　者　宗片 邦義

装　幀　熊谷淑徳

発行者　山波言太郎総合文化財団

発行所　でくのぼう出版
神奈川県鎌倉市由比ガ浜 四—四—一一
ＴＥＬ　〇四六七—二五—七七〇七
ホームページ　https://yamanami-zaidan.jp/dekunobou

発売元　星雲社（共同出版社・流通責任出版社）
東京都文京区水道 一—三—三〇
ＴＥＬ　〇三—三八六八—三二七五

印刷所　シナノ パブリッシング プレス

ISBN978-4-434-32769-8